东南大学科技出版基金资助项目

团队选择与企业成长

——论高管团队的和谐

秦双全　著

东 南 大 学 出 版 社

·南京·

图书在版编目(CIP)数据

团队选择与企业成长：论高管团队的和谐/秦双
全著. —南京：东南大学出版社,2018.7
ISBN 978-7-5641-7015-8

Ⅰ.①团… Ⅱ.①秦… Ⅲ.①企业管理—组织
管理学—研究 Ⅳ.①F272.9

中国版本图书馆 CIP 数据核字(2016)第 323351 号

团队选择与企业成长——论高管团队的和谐

出版发行：东南大学出版社
社　　　址：南京市四牌楼 2 号　邮编：210096
出 版 人：江建中
经　　　销：全国各地新华书店
印　　　刷：南京新洲印刷有限公司
开　　　本：700mm×1000mm　1/16
印　　　张：9.5
字　　　数：145 千字
版　　　次：2018 年 7 月第 1 版
印　　　次：2018 年 7 月第 1 次印刷
书　　　号：ISBN 978-7-5641-7015-8
定　　　价：30.00 元

本社图书若有印装质量问题,请直接与营销部联系。电话(传真):025-83791830

前　言

当前,中国正处于产业结构升级和转型的关键时期,新技术的浪潮在世界范围内风起云涌。国内外的经济环境给我国企业带来的机会和挑战使得高管团队的研究具有重要的理论和现实意义,也使之成为管理学研究的热点。

所谓高管团队是指由高级企业管理人才组成,制定企业战略,对企业的成长具有决定意义的团队。以往对高管团队的研究主要集中在其人口统计学特征对企业绩效的影响,结果存在着不稳健性。主要原因是这些单一的、静态的人口统计学特征无法正确指示企业成长的本质。那些离高管团队生活环境和文化特征较远的因素对于企业成长的作用可能更多是随机性的。高管团队的研究需要综合地、动态地反映高管团队文化的特征来解释其对企业成长的作用。基于此,本书研究的主要问题有以下四个方面:

第一,能否把高管团队众多的、只能部分反映高管团队在企业成长中作用的人口统计学特征,综合成能从本质上反映其对企业成长作用的特征? 这个特征能否和中国传统文化结合在一起? 从高管团队的角度来说,企业成长分为几种类型? 总之,什么样的高管团队能更好地促进企业成长?

第二,在不同情景中,高管团队的特征和企业成长的关系如何? 这些情景是否具有中国传统文化的特征? 从调节变量的角度来看高管团队的特征与企业成长的关系,可以帮助我们更好地认识高管团队职能的来源,尤其是从高管团队所处的文化背景来看待高管团队的特征与企业成长的关系,更能从本源上认识高管团队的作用。

第三,高管团队的特征是通过何种渠道作用于企业成长的? 这种中介作用在企业成长过程中是否具有普遍意义? 从中介变量的角度来看高管团队的特征与企业成长的关系,可以更加深刻地认识高管团队特征与企业成长的关系,对于高管团队的建设具有重要的意义。

第四,高管团队特征的变化是否会影响企业的成长? 这种影响是否通过战略选择发生作用? 在不同的冲突水平下的影响效果如何? 动态地分析高管团队的特征与企业成长的关系,可以帮助我们从发展规律上认识高管团队的作用,对于促进高管团队的成长具有重要的作用。

本书将从四个方面入手解决上述问题。第一,在理论梳理的基础上,识别高管团队的特征和企业成长的类型;第二,分析首席执行官(CEO)社会资本在高管团队的特征与企业成长关系中的调节作用;第三,研究战略选择在高管团队的特征影响企业成长的中介作用;第四,探讨高管团队的变化(和谐化)对企业成长的影响。

笔者为此展开了四项工作：

第一步工作，在以往高管团队特征研究的基础上，从中国传统人才观、和谐理论出发，提出高管团队的特征可以从能力、治理和自然三个方面来研究；在彭罗斯企业成长理论的基础上，提出企业成长可分为资源性成长、管理性成长和盈利性成长三种类型，并用因子分析方法对2008—2012年980家中国上市公司的上述问题进行了验证。

第二步工作，在第一步工作的基础上，选择CEO的社会资本作为调节变量，分析高管团队的特征和企业成长的关系。选择CEO的社会资本作为调节变量的目的在于探讨中国企业在改革过程中遇到的中国特色的管理问题，也为今后进一步探讨高层管理团队所处环境的微观机制打下基础。故此，在社会资本理论的基础上，以2008—2012年间的980家上市公司为样本，验证了社会资本在高层管理团队的特征与企业成长间具有调节作用。

第三步工作，在前面两步工作的基础上，研究了战略选择在高管团队与企业成长中的中介作用。从高层梯队理论的视角出发，基于彭罗斯管理约束理论，选择2008—2012年间的980家上市公司作为样本，利用SPSS和AMOS软件工具进行数据分析，探讨高层管理团队的特征与企业成长的机制。

第四步工作，在前面工作的基础上，探讨高管团队特征的变化（和谐化）与企业成长的关系。在中国和谐理论的基础上，将高管团队能力特征的异质性和治理特征的同质性转化为和谐化指标来探讨和谐化和企业成长的关系。利用第一步和第三步工作的数据对这个问题进行验证。

通过理论模型的构建以及实证数据的分析，本书得到以下结论：

1. 从中国传统人才观的角度，可以把高管团队的人口统计学特征聚合为更能体现高管团队职能的能力特征、治理特征和自然特征。能力特征是高管团队成员经营管理能力的体现；治理特征是高管团队成员价值观匹配程度的体现。这三个特征，尤其能力特征和治理特征，是高管团队和谐性的体现形式。企业成长可分为三种类型：一是反映企业规模性扩张的资源性成长，二是反映企业内涵式成长的管理性成长，三是反映企业最终经营成果也是企业成长基础的盈利性成长。这些成长的层次与企业高层管理团队的特征是相互对应的。高层管理团队的能力特征反映了企业在规模上的扩张和盈利能力的增强；高层管理团队的治理特征反映了企业在管理成长中的作用。不同程度的能力和治理使企业处于不同的和谐状态。企业的成长过程，也是高管团队和谐化的过程。

2. 在实证中，高层管理团队的特征与企业成长的关系如下：第一，高层管理团队的自然特征无论是对企业的盈利性成长还是管理性成长以及资源性成长都没有显著的影响。第二，高层管理团队的治理特征对管理性成长有显著的正向影响，治理特征与资源性成长呈负向的关系，与盈利性成长的关系不太显著。第三，高层管理团队的能力特征对资源性成长和盈利性成长都有显著的正向影响,与管理性成长的关系不显著;说明高层管理团队的能力特征意味着高层管理团队能够解决企业发展中遇到的资源性瓶颈问题,也能解决管理需求问题,从而体现企业的盈利性增长。

3. 社会资本对高层管理团队能力特征与企业成长的关系有负向的调节作用;社会资本对高层管理团队治理特征与企业成长的关系有负向的调节作用。中国上市公司的企业成长与高层管理团队的能力和治理机制有关,能力特征表现在企业的资源性成长和盈利性成长,治理特征主要表现在管理性成长。但这些关系与CEO 的社会关系的调节作用相关,CEO 的关系对公司治理和高层管理团队管理能力(素质)在企业成长中的作用不仅没有起到正向的促进作用,反而抑制了团队能力和治理特征对企业成长的作用。

4. 战略选择是高层管理团队的特征影响企业成长的重要机制。企业发展是一个从小到大、由弱变强的过程,在这个过程中企业要经历规模扩张,其中就包括行业扩张,表现出多元化的战略选择,可以说多元化的战略几乎是所有高管团队曾经或必将进行的选择。本书认为多元化的战略选择在高管团队和企业成长间起到了中介作用。本书的结论表明,无论是在扩张性成长还是管理性成长中,多元化都是高管团队影响企业成长的重要机制。

5. 企业成长过程也是一个和谐化的过程,团队冲突在团队成员和谐化程度与企业成长间起到了调节作用。企业成长过程伴随着高层管理团队的变化,在这个变化过程中,高层管理团队是通过战略管理来体现自己的价值。其趋势是高管团队成员能力的异质化和价值观的同质化。本书还发现,一旦战略确定,团队摩擦冲突在战略与企业成长间的调节作用便不显著。所以,引发冲突的原因是战略选择。

本书可能的创新点有以下几个方面:

第一,本书从中国传统人才观出发,基于高层管理团队的人口统计学特征,创造性地提出了高层管理团队的三个综合特征:能力特征、治理特征和自然特征。本书将企业的成长区分为资源性成长、管理性成长和盈利性成长。企业成长一般要经历从量变到质变的过程,企业成长的量变是企业对资源的占有而形成的资源性成长,是对规模经济的追求。企业成长的质变是在克服了彭罗斯效应后完成的管理性成长。无论是规模经济还是管理性成长,企业成长最直接的表现形式以及下一个阶段成长的动力是企业的盈利性成长。

第二,CEO 的社会资本抑制了高管团队的能力特征和治理特征对企业成长的作用,这个结论对拓展高层梯队理论具有一定的意义,对于在实践中的高管团队建设也具有一定的现实意义。

第三,本书从中国传统的和谐理论出发,提出了高管团队和谐化的量化方法,即和谐化是团队能力特征的异质化和治理特征的同质化的过程。这是和谐理论在人力资源管理中的一个发展方向。

本书存在的不足和今后的研究方向有：

第一，本书的研究对象是中国上市公司。对于本书中的一些结论仍需要通过不同经济运行的环境以及制度差异来体现。所以结论仍旧缺乏一般性，不能将结论推广到所有的企业，尤其是初创企业。在创业过程中需要什么样的创业团队是管理学尤其是高层管理团队理论需要拓展的内容。这也是国内管理理论研究今后的一个努力方向。

第二，本书未进一步对战略选择的其他渠道进行研究，高层管理团队对于企业成长的影响途径是通过战略选择来进行的，但战略选择有很多的层次，值得研究的不只是多元化战略，还可以从空间上考虑，比如国际化或者全国化。这些战略选择对高层管理团队的特征也提出了要求。

第三，从中国传统的和谐观角度，可以进一步分析高管团队的和谐化程度。不同程度的能力和不同程度的治理水平构成了高管团队的和谐化程度。这个程度的量化对于高管团队的定性研究具有更重要的意义。这也是今后值得研究的方向。

目　　录

第一章　绪　　论

第一节　研究背景与目的

一、研究背景

改革开放近 40 年来,中国经济发生了翻天覆地的变化,经过多年的高速发展,中国经济总量跃居世界第二。快速增长后,中国经济面临着升级转型的挑战。作为经济的重要组成部分,中国企业也遇到了前所未有的挑战。尤其在当前,随着我国传统行业在增长中地位的动摇,我国企业正面临着新的转型。无论是经历了"抓大放小"改制、改造的国有企业,还是从无到有、从小到大的私营企业,我国企业的成长都面临新的竞争环境和机遇。在全新的环境和挑战下,我国企业的成长需要在理论和实践上提档升级。

影响企业成长的因素有很多,其中最重要的因素是发展战略。企业的发展战略决定企业在未来很长一段时间内处于何种竞争地位。企业面临的环境越复杂,这种战略需求就越迫切(迈克尔·波特,2005),这与我国企业当前面临的形式相契合。在这种复杂动态的环境中,企业的战略该如何针对环境做出相应调整,是管理理论及企业实践所面临的一个重要课题。学术界和企业界普遍认为,只有不断变革来应对挑战才是企业唯一不变的根本。很多企业都是通过战略选择来维持企业的竞争力的,这也是这个瞬息万变的世界的要求,那种"一招鲜,吃遍天"的时代已经过去,其战略模式已经过时。

虽然很多企业家都认识到战略选择的重要性,并在实践中也实行了战略选择以顺应时代的发展,但是令人遗憾的是,大多分析家认为企业变革的失败率在70%左右。在合适的时间选择合适的战略是一门科学,也是一门艺术,这也是战略的魅力所在。重要的是,这门科学和艺术没有被我们完全掌握,这就有了那么多企业的衰败和灭亡。百年企业寥寥无几,它还是我们所追求的梦想。要寻求战略选择的秘密,应从战略选择的源头做起,也就是要从战略制定者开始研究。对中小企业来说,企业的决策者是一两个人;对于大型企业来说,战略的选择取决于一个团队。大型企业经营者要面临更加复杂的情况和更多不确定性的因素。现代企业的战略管理靠一个决策者的单打独斗是很难应付的,它需要一个和谐的高管团队(Top Management Team,以下简称 TMT)。从中国传统的人才观来看,高管团队的成员需"德""才"兼备。从团队来说,一个和谐的高层管理团队是团队成员"德""才"的优化组合,具有才能的多元化和价值观的匹配性。汉布里克①认为复杂环境下的管理者在做决策时要面对大量的信息,他们需要多种技能和大量的精力来处理战略规划的问题,群体决策明显比单独决策要占有优势。孔子说"君子和而不同",高层管理团队的"和而不同"能提升企业的核心竞争力和企业价值,使企业在成长中既能走得快也能走得远。我国企业从计划经济中走来,新生的民营企业还很稚嫩,创建和谐的高管团队具有重要的现实意义。从 20 世纪 80 年代开始,我国便进行了国有企业改革。从依附于政府的计划经济的生产单位,到现在的市场经济中的独立法人,中国企业在体制上发生了巨大的变化,无论是国有企业还是民营企业,在市场经济的体制中是一个平等的独立的经济体,这在法律上已经得到确认。但是历史的烙印会在很长一段时间内存在。在企业管理实践中,我国和西方发达国家相比,还是存在着很多不足,尤其是在高层管理团队的建立与组成上。长期的计划经济体制使得高管团队的组成没有从成员的"德"和"才"和谐的角度来选配,而更多的是从政治关联的角度来选配②。高管团队成员的政治关联是一个不容回避的问题。高层管理团队成员的政治关联不仅影响着企业的发展,而且影响着建立现代企业制度所必需的公平竞争环境。所以,建立一支和谐的高管团队对促进国有企业的转型升级具有重要的意义。无论是国有企业还是民营企业,在治理机制上都存在较大的缺陷。从国有企业来看,高层管理团队的建立虽然是按照现代企业制度,由股东大会、董事会来决定,但是由于国有企业的大股东的地位,使得高层管理团队的建立更多是靠国资委的行政委派,缺乏职业经理人的市场行为。从民营企业来看,有一个两难的问题,如果从企业的价值出发来建立高层管理团队,就面临企业控制与高层管理团队的矛盾问题;如果从股东价值出发来建立高层管理团队,就绕不开企业价值和高层管理团队间的矛盾问题。前者从家族企业可以得到很好的说明。一般来说,家族企业是从企业的价值(长期的企业利润)来建立高层管理团队(韩太祥,2002),所以它趋向于在高层管理团队中安排较多的家族成员,他们认为,由于亲缘关系,他们在长期的价值中是趋同的。或者高层管理团队的核心成员在新老更替时是以家族成员的更替为特征的。这就带来了企业控制和高层管理团队间的一些矛盾,国美电器的黄光裕和陈晓的斗争便是一个注脚。后者从一些创业板上市企业找到一些例子。在创业板上市的企业,有的高层管理成员的目的不在于公司的长期利润,而在于企业上市后产生的巨大资本溢价,这便出现了中国资本市场上的"大小非减持"。

---

① Hambrick D C, Finkelstein S. The effects of ownership structure on conditions at the top: The case of CEO pay raises[J]. Strategic Management Journal, 1995,16(3):175-193.

② 李善民,赵晶晶,刘英. 行业机会、政治关联与多元化并购[J]. 中大管理研究,2009(4):1-17.

企业在取得一定经济效益的同时,也带给高层管理个人巨大的经济利益,这些利益的变化会使得高层管理层成员的目标发生变化,从而使得管理层团队安于现状,趋于保守(罗宾斯,1997)。这些都严重影响到高层管理团队与其企业成长的关系。如何理顺高层管理团队与企业成长的关系,对于我国企业来说,具有重要的理论和现实意义。

二、研究目的

自汉布里克(Hambrick)和梅森(Mason)于 1984 年提出高层梯队理论以来,高层管理团队特征对企业成长影响的研究就成为领导学研究的热点之一。以往的研究存在结论的不稳健性、机制的不明确性、理论的单一性以及对动态变化研究较少等不足。本书将针对上述不足,从以下几个方面进行探讨,以弥补和完善高层管理团队特征与企业成长关系的研究缺失。

1. 从多个理论角度探讨高层管理团队特征的内涵。高层梯队理论被提出后的 20 多年间,几乎每篇研究高层管理团队的文章都会引用这篇论文,可见其影响之深远。它把"研究 CEO 个人"的范式引导为研究高层管理团队,开拓了一个崭新的、具有重大战略意义的研究领域。但在以往文献中,对于高层管理团队的特征与企业成长的关系的结论存在不稳健的现象。其中的原因大致有二:

其一,以往文献对于高层管理团队及其特征的定义没有统一的标准。在以往的文献中,人们根据自己研究的需要对高层管理团队进行定义,造成了研究对象的不一致,其结果不一致就在情理之中了。

其二,表现在高层管理团队特征的量化上。高层管理团队特征的量化主要从客观的人口统计学特征和主观的管理认知特点入手。在运用人口统计学特征来表达高层管理团队特征时,鉴于中介变量和调节变量的原因,很难寻找到人口统计学特征和企业成长有显著的关系,如性别、年龄很难直接影响企业成长,而是在特定的情景(调节变量)中,通过一定的方式(中介变量)影响企业成长。一些客观特征很难表达研究想要的变量,如创新能力和社会资本,有的文献用"学历"和"社会兼职"作为替代变量,有的文献用"固定资产投资"和"职务消费"作为替代变量[①]。这些替代变量选择的随意性也是结果不一致的重要原因。从主观的管理认知来量化高层管理团队的特征时,存在量表的开发不规范和随意使用没有研究验证的量表进行测量的现象。综合这些因素,本书认为,高层管理团队客观性特征的特殊性与主观特征测量的难度是造成上述现象的原因。也就是说,单一的人口统计学特征无法反映出高层管理团队的管理能力,而能够反映其管理能力的主观特征在测量方法和数据的取得上又存在很大的困难。所以,从客观特征的角度来

---

① 李善民,赵晶晶,刘英. 行业机会、政治关联与多元化并购[J]. 中大管理研究,2009(4):1-17.

反映管理认知的过程,从而确切地表达高层管理团队特征的内涵具有重要的理论意义(苏丹,2011)。本书将从中国传统的人才观以及和谐管理的角度,将高管团队的人口统计学特征进行综合,从能力和治理的角度认识高管团队。

2. 从和谐理论的角度探讨企业成长。企业成长是个古老而崭新的话题。说它古老,是因为这个问题在亚当·斯密时代甚至更早就成为经济学和管理学的课题;说它崭新,是因为在不同的历史时期,企业成长有那个时代鲜明的特色,如公司制、现代金融市场、股份制、互联网与电子商务等影响企业成长的环境、机制和技术的出现都会带来划时代的企业成长动力,从而使企业成长带有这个时代独有的特征。以往对于企业成长的研究,大多从企业财务绩效、规模扩张等结果的角度来探讨,忽略了从企业成长过程及推动力的角度来探讨。上述提到的公司制、股份制、互联网等对企业成长的推动要素,究其根本是管理或制度创新对企业成长的推动。所以,真正推动企业成长的是企业的管理者尤其是高层管理团队。本书的第二个目的就是探讨高层管理团队是如何推动企业成长的。即从高层梯队理论的角度,探讨高层管理团队和企业成长之间的作用机制。影响企业成长的因素很多,除了控制一些外部因素来寻求高层管理团队特征与企业成长的关系,还需要考虑高层管理特征与企业成长关系的作用机制(中介变量),探讨高层管理团队的这些特征是通过何种机制发生作用的。这也是研究高层管理团队与企业成长关系的重要途径。高层管理团队在企业中的重要职能是战略管理,尤其是战略选择,它是高层管理团队能力和作用的集中体现。所以,揭开这个所谓的"黑箱",对于完善高层梯队理论,促进企业高层管理团队建设都具有重要的作用。和谐的高管团队能力的异质性和价值观匹配性的特征,在企业成长的不同阶段,高管团队的和谐性将促进企业的发展。本书将探讨高管团队能力和价值观在企业成长中的作用机制。

3. 从代理理论的角度探讨不同层级的高层管理团队成员的特征在影响企业成长中的作用。前期对高层管理团队的研究,往往只对团队成员人口统计特征进行简单加总,或者简单计算个体特征的差异,或者只考虑某个特征而忽视其他特征的交互影响。实际上,高层管理团队在权力配置中是有层级的,不同层级的团队成员对战略管理的影响是不同的。现代公司治理中也体现了这样的理念,董事会代表了大股东的利益,经理层代表了企业经营方的利益。企业高层选择了战略,中层来执行战略,企业管理层在权力和责任的支配下相互影响。这样简单加总的量化方法忽略了团队的结构、层级、权力及沟通与合作等因素对团队企业成长的影响。本书将从代理理论出发,突出治理结构对企业成长的影响,反映不同高层管理团队成员对团队特征的影响,这个影响将最终体现在企业的成长中。

4. 探讨动态的高层管理团队特征与企业成长的关系。前期研究大多从静态的角度来探讨高层管理团队与企业成长的关系。企业的成长伴随着高层管理团队的成长,高层管理团队的成长也影响着企业的成长。一个成熟的高层管理团队应该是一个不断变化的团队。高层管理团队的吐故纳新,一方面能保持高层管理团队在企业文化中的特质,另一方面新的血液能给团队带来新的资源与思想,这对于面临环境不断变化的企业尤其是面临环境剧变的中国企业来说,具有重要的意义。团队冲突是不是高层管理团队变化的动力? 冲突会导致管理团队向着什么方向变化? 这是本书试图探讨的第四个问题。

第二节 研究内容与研究意义

一、研究内容

本书的研究目的是在高层梯队理论的基础上,综合以往战略决策理论来探讨高层管理团队的特征对战略选择和企业成长的影响,并将相关理论应用到我国上市公司环境中进行实证研究,得出有价值的推论。针对上一节所提出的问题,本书拟对以下内容进行研究:

研究内容一:以中国传统人才观与和谐理论为基础,从战略选择和企业成长的角度,研究高层管理团队特征之内涵。纵观战略管理的研究历史,学者们的研究前提大多已经从管理者决策的完全理性假设转移到认知的有限理性上来,这在高层梯队理论中得到了很好的体现。在被称为管理学最有价值的"认知"的研究中,高层梯队理论认为,高层管理团队的特征反映了团队的认知特点,而这些认知特点影响了企业战略决策的方式及企业的成长。可是高层梯队理论的这些研究结论却缺乏一定的稳健性。究其原因,除了上一节提到的研究对象不一致以外,还有以下两方面的原因。一方面,单个的客观特征在战略选择中的影响不是决定性的。举例来说,企业在市场竞争中机会稍纵即逝,企业要想抓住机会,需要有战略选择的敏锐性特点,那么,什么样的高层管理团队才具有选择的敏锐性呢? 有的研究认为是年龄,认为年轻人更有敢闯的热情;有的认为是在职时间,在职时间长经验就比较丰富,更善于识别机会;有的认为是性别,男性趋于开拓,女性趋于谨慎。但这些客观特征在实证中的结果缺乏稳健性,这说明类似敏锐性的心理特征是潜变量,它已经包含在不同的客观特征中,某一个客观特征只是部分地表现了潜变量。另一方面,心理特征的量化存在诸多障碍,从心理学和管理学的原理出发,测量心理特征的量表都比较齐备,关键是测量对象是高层管理团队,其数据的获得性具有巨大的挑战性。如果用案例分析的方法来研究,调查几家公司高层管理团队的心理特征,这个可能性还存在,如果要几百上千家的高管来进行心理特征调查,可能性几乎不存在。作为上市公司,公司的高层管理团队的客观特征是上市公司必须披露的公司基本面文件之一。该材料在反映公司高层管理团队特征上具有全面性和客观性。本书将利用中国上市公司高层管理团队的客观特征资料和统计学工具,分析高层管理团队客观特征中包含和反映了主观心理特征综合性的特征,在中国传统人才观的基础上,探讨和谐性的高管团队特征的内涵、特点和结构等。

研究内容二:分析高层管理团队如何通过战略选择影响企业成长,以及在这个过程中高层管理团队的特征起到了什么作用。对于战略选择效果的讨论一直是相关理论的热点。钱德勒认为,战略选择是帮助企业走出困境,促进企业成长的良药。适时的战略选择也是高层管理团队管理艺术的体现。彭罗斯指出,在现实经营中,成功的战略选择案例远比失败的战略选择案例少得多,因此,战略选择对企业的效果并没有书本上那么有效。这需要从战略的制定者身上去找原因。本书将从权变的角度对战略选择效果进行分析,寻找高管团队在战略选择时那双"颤抖的手"(Trembling Hand)颤抖的原因。正如博弈论的泽尔腾均衡一样,本想好的一个选择,实际决策时手颤抖了一下选到了另一个抉择。这种看起来有悖于常理的选择,其背后有着诸多的客观原因,其中一个重要的原因来源于高管的心理,以及决定这些心理的高管团队的特征。企业成长是一个由小到大、由弱变强的过程,在这个过程中,绝大多数高管团队都做过或将要做出多元化的战略选择。高管团队的特征在多元化战略选择中的机制是什么?本书将利用沪深上市公司的资料对上述过程进行实证分析。

研究内容三:探讨高层管理团队中核心成员的社会资本在战略管理中的调节作用。在第二个研究内容的基础上,本书将探讨特定情境下高管团队与企业成长的机制问题。这个情境就是核心成员社会资本的多寡对上述机制的影响。国内很多学者都曾运用高层梯队理论探讨我国上市公司高层管理团队特征与企业成长的关系[1]。在这些研究中,对于高层管理梯队理论中的"梯队"体现得较少,从而使得高层梯队理论的实证研究缺乏立体感。也就是说,只有高层没有梯队,没有把它和企业高管的层次联系在一起。之所以选择CEO作为核心成员的代表,原因是CEO在高管团队的决策中起到最终拍板的作用[2]。因此,本书的第三个研究内容就是将高层管理团队成员的社会资本与治理机制联系在一起,探讨其在战略管理中的调节作用,旨在揭示高层管理团队成员在战略管理过程中的作用有何差异以及高层管理团队成员在认知过程中的关系。

研究内容四:探讨高层管理团队成员间的冲突在高层管理团队特征与战略选择中的作用。这个研究内容体现了研究目的中的"探讨高层管理团队的动态特征"。高管团队的和谐性是一个动态的过程,随着企业的成长,在不同的阶段其和谐性的表现不同。处于创业期的团队注重于创业团队成员的能力,处于发展期的

① 李善民,赵晶晶,刘英.行业机会、政治关联与多元化并购[J].中大管理研究,2009(4):1-17.
② Shen W, Gentry R J, Tosi H. The impact of CEO pay on CEO turnover: a test of two perspectives [J]. Journal of Business Research,2010,63(7):729-734.

高管团队注重于成员的价值观。高层管理团队能力的异质性,使团队拥有更多的资源和信息,这些资源和信息能促进诸如多元化战略的选择。和谐的高管团队还必须追求价值观的趋同性,只有价值观相似的团队成员才能使企业走得更远。能力的异质性和价值观的趋同性伴随着高管团队的成长,在这个成长过程中,必然同时伴随着成员间的冲突,正是通过这些冲突,最后促成了战略决策的优化。所以,冲突是高层管理团队及其特征变化的动力之一。本书的第四个内容就是试图揭示高层管理团队成员间的冲突在战略选择和企业成长关系中的作用,从而探讨动态的高层管理团队特征与企业成长的关系。

二、研究意义

研究高层管理团队在企业成长中的作用具有重要的理论意义和实践意义。

理论意义:我国企业在发生巨大变化的同时伴随着西方管理理念和技术的引进,但我国的市场化程度、体制环境和文化传统都与西方国家有很大差异,因此,在中国文化背景下运用高层梯队理论,分析高层管理团队与企业成长的关系,能够拓展该理论的运用范围。同时,转型时期的中国,无论是国有企业还是私有的家族企业都希望高层管理团队的理论有所突破与创新,从而对高层管理团队的建设提供具有中国特色的理论指导。就高层梯队理论本身来说,突破客观特征结果的不稳健性和心理特征的可测量性是决定高层梯队理论今后能否进一步发展的关键。本书在中国传统人才观的基础上,结合具有中国特色的和谐管理理论,从高管团队成员的能力与价值观两个维度,对高管团队的特征进行刻画,并在客观特征的基础上,应用现代统计学的方法,测量代表高层管理团队的和谐性及其作用机制。本书还考虑到高层管理团队的特征的层次性,认为这些具有层次的特征体现了主观的管理认知;同时,这些有层次的高层管理团队特征作用于同样是有层次的企业成长。在不同的企业成长阶段,高层管理团队的特征不同,这些都为高层梯队理论的研究提供了新的思路和视角,将丰富和拓展高层管理团队理论。本书基于中国传统文化和谐要素的观点,也会为人才学和人力资源管理带来新的思路和角度。在中国传统文化中,将"才"分为"聪、强、察、毅"四个部分,将"德"分为"正、直、中、和"四部分,但只讲结果,没有过程。本书从中国传统文化的角度,对高管团队和谐性的作用机制进行研究,尝试将其推及到人际关系、个人和组织的关系中。

实践意义:企业的成长离不开一支优秀的高层管理团队。怎样组建一个优秀的高层管理团队?不同特质的高层管理团队究竟具有什么样的行为习惯或决策模式?企业不同的发展阶段是否需要不同特征的高层管理团队?这不仅仅是理论界关注的课题,还是企业实际运行中需要考虑的问题。本书将在以下几个方面对企业提出建议:首先,本书在人口统计学的客观特征的基础上,提出高层管理团队和谐性的内涵,反映了高层管理团队成员拥有的资源、管理能力和价值观以及这些要素匹配的状况。这对于企业构建一个优秀的高层管理团队具有重要的意义。在这个内涵意义下,企业构建高层管理团队就好比在"玩扑克"。要战胜对方需具备这件的条件:抓了一手好牌(高管团队要拥有一定的资源);具有一流的牌技(高管团队要有一流的管理技能);高度默契程度的友方(高管团队要有匹配的价值观)。任何一个条件不具备都可能招致失败。京东的刘强东在京东的人力资源管理中推行"能力价值观体系",将员工分为"废铁、铁、钢、金子、铁锈"。他认为,和谐的企业是这些"金属"的一个动态的优化结构。其次,是在企业成长方面。弄清企业由弱变强的成长内涵和层次对于企业的发展至关重要。本书从高管团队特征与企业成长的相互关系角度提出了企业成长的几个层次,它反映了企业由弱变强、由粗放到集约的成长路径。这在实践中将指导企业在成长过程中必须解决制约企业成长的瓶颈。从初创企业到成熟企业,每个阶段都有瓶颈存在。初创期是资源瓶颈,成熟期是管理瓶颈,而解决这个瓶颈至关重要的因素在于高层管理团队的建设。其三,是从企业成长的机制角度提出建议。企业由弱变强的过程伴随着企业从量的扩张到质的提升。在这个过程中必然伴随着多元化的过程,而多元化不会持续整个过程。一般来说,多元化是在企业量的扩张时表现出来的。一旦量的扩张结束后,企业表现更多的应该是管理需求。这要求企业在适当的时机进行战略调整。在实践中,很多企业高管团队被阶段性的成功冲昏了头脑(如成功的快速扩张),没有及时进行战略调整,最后功亏一篑。最后,基于 CEO 社会资本的视角,将使企业重新审视高层管理团队不同成员的资源对团队和谐性的影响。在中国这种注重关系的国度,社会资本对于企业在竞争中的重要性是不言而喻的,但是如果团队过度倚重社会资本,对于团队建设来说未必是好事。所以,本书的结论对于企业如何平衡能力与"关系"具有重要的实践意义。

第三节　研究对象概念的界定

一、高层管理团队及其特征

1. 高层管理团队。以往文献研究对高层管理团队的定义大致有以下的界定:一是从层级制度的角度,按照高管的职位来确定哪些高管应纳入研究范围;二是直接按交易所对上市公司高管的定义进行选择;三是只把副总裁以上的所有高管作为研究对象;四是从实际参与决策的角度,通过访谈或问卷调查,来判断哪些高管参与了企业的战略决策,并将这些高管纳入高层管理团队;五是从责权利的角度考察高层管理团队的组成,认为企业重大的决策是与其薪酬相关的,将领取薪酬最高的前五名高管作为高层管理团队的研究对象。这些标准大多是从研究目的出发自行定义高管的范围,在客观性上有所欠缺。由于高层管理团队成员标准的不统一,结论不一致也就在情理之中了。30 年前,西方管理学在高层管理团队的概念上有过严格的区分,其特点在于现代企业制度中的鲜明的治理机制。这个机制的理论来源是代理理论,所以董事会被排除在高层管理团队的范围外。伴随着董事会角色的转化——从组织中无足轻重的单元,发展成为重要的决策实体,学者们也对董事会有了越来越多的研究。在过去的30年中,对董事会的研究成为最多产的研究领域之一,董事会逐渐从从属的地位转变为战略决策的主导地位。通过治理机制以及董事会的运作,董事会把外界环境变化对企业的经营所带来的风险和机遇通过战略传达出来①。所以,目前高层管理团队的组成一般包含了董事会、高级经理层、监事会成员。在企业的发展中,高层管理团队的作用是企业的发展方向即战略,从战略的搜寻、制定到实施等一系列的过程,不是某一个高管来执行的,它需要的是一个团队的力量。这个团队是有结构的,有最后拍板的最高层,有提供智慧的智囊,也有代表各方利益对战略的选择施加影响的治理面上的成员。最后,企业在战略上的选择是多方博弈的结果。除此以外,考虑数据的权威性和客观性,本书中的高层管理团队指的是深圳国泰安数据公司发布的上市公司治理数据中的高管团队,成员包括了董事会、经理层和监事会成员。

2. 高层管理团队特征。在前期文献中,对高管团队的异质性和同质性的讨论存在分歧,有的文献认为高管团队的异质性有益于企业发展,而有的文献又认为同质性有益于企业发展。高管团队应该是"同质性"和"异质性"的统一。中国传统人才观对人的划分是从两个维度进行的,一是"才",二是"德"。由人才组成的高管团队也必须反映高管团队成员间德和才的相互匹配,我们认为这样的高管团队是和谐的高管团队,所以,和谐的高管团队指的是高管团队成员的"德"和"才"和而不同的状态,"和"指的是"德"的同质性,"不同"指的是"才"的异质性。

"德"是社会学的概念,是社会成员的价值观与主流价值观的匹配程度,把它放到高管团队,"德"就是高管团队成员与团队或企业价值的匹配程度。所以,同质性指的是高管团队成员价值观的匹配。每个高管团队成员都有自己的价值观,只有具有匹配性的成员在遇到各种复杂情形时才能同舟共济,这对于企业价值和成长是至关重要的。企业价值和成长需要一个漫长的过程,时间越长,企业所处的环境变化越大,团队所面临的风险也就越大。这就需要团队成员具有匹配的价值观。

异质性指的是高管团队成员的能力与资源的高低与多寡,企业所面临的挑战越多,所需要的资源就越多,具备的能力就必须完备。异质性包含了上述资源和能力的差异和匹配,即高管团队成员间的能力是有差异的,且这些有差异的能力需要互相匹配。

① Mintzberg H. Structured observation as a method to study managerial work[J]. Journal of Management Studies, 1970,7(1): 87-104;Pearce J A, Zahra S A. Board composition from a strategic contingency perspective[J]. Journal of Management Studies, 1992,29(4): 411-438.

　　高管团队成员的能力和价值观形成了高管团队的能力特征和治理特征,从而反映了高管团队的和谐性。企业不同的发展阶段的同质性和异质性是有差异的,这就决定了企业不同发展阶段的和谐状态。除此之外,不能被涵盖进上述特征的部分,本书将其命名为自然特征。下面对高管团队的能力特征、治理特征和自然特征进行进一步的说明。

　　企业高层管理团队的终极目标是实现企业的盈利和发展。要实现企业的终极目标,企业的高层管理团队必须具备经营管理能力,这种能力须与高管在企业管理中的角色相匹配。公司经营管理能力即公司管理经营的素质,是指一个人的品质、性格、学识、能力、体质等方面特性的总和。在现代企业里,管理人员不仅担负着对企业生产经营活动进行计划、组织、指挥、控制等管理职能,而且从不同角度和方面负责或参与对各类非管理人员的选择、使用与培训工作。因此,管理人员的素质是决定企业能否取得成功的一个重要因素。企业的管理人员应该具备如下素质:从事管理工作的愿望;专业技术能力;良好的道德品质修养;人际关系协调能力;综合能力。对于这些能力的测量,以往文献中大多使用问卷的办法直接测量。但是,这种使用问卷的形式进行测量的方法只适宜在小型企业中使用,在上市公司的高管团队中进行直接测量几乎是一件不可能的任务。还有一种方法是,这些能力可以在高管团队的多个人口统计学特征中得以体现,如性别、年龄、教育程度等可以在一定程度上体现高层管理团队的能力。换句话说,这些人口统计学特征可以综合表达高层管理团队的能力,而单独一个人口统计学特征不是能力。

　　所谓治理特征就是高层管理团队特征中反映高层管理团队成员间价值观匹配程度的特征。高层管理团队成员间价值观的匹配在现代公司中主要以治理机制来体现。从人口统计学特征来看,高层管理团队成员间价值观的匹配体现了高层管理团队成员对团队和企业的态度。如高层管理团队的持股数,表达了高层管理团队成员对公司未来业绩的信心,是团队和谐性的表现。公司治理是一个很宽泛的概念,它包含了股东、董事会、经理层、监事会及职工等众多的关系。本书将用"治理特征"的概念来体现和谐的高管团队成员价值观的匹配性。它所包含的关系远不及企业治理中的关系多。治理特征与能力特征一样,它蕴含在高层管理团队的人口统计学特征中。除了前面提到的持股数,其他人口统计学特征或多或少体现了成员间的关系。

　　所谓自然特征,是指企业高层管理团队所独有的特征。本书中的"自然"也是借用了以往研究中对高层管理团队固有特征的定义。本书中的自然特征是对人口统计学特征进行因子分析后的"剩余"因子,是这些人口统计学特征共同部分中除去"能力"与"治理"特征后的部分。本书根据其主成分,将其命名为自然特征,并认为任何企业的高层管理团队都拥有自己的特征。正如企业名称一样,所有企业都有自己的名称,但这个名称是独有的。高层管理团队也有属于自己独特的标志特征。两个企业"能力"与"治理"水平都可以一样,但是自然特征不会都相同。

无论是能力、治理还是自然特征,它们都可以在高层管理团队的某个人口统计学特征中得到体现。比如年龄,它可以部分体现能力;不同性别的管理者有差异明显的管理风格。这些差异在不同的企业及其发展阶段带来不同的企业成长表现。反过来说,企业高层管理团队的这些人口统计学特征能够通过因子分析的方法集中反映上述三个特性。

二、战略选择、冲突与社会资本

1. 战略选择。企业战略是企业根据其外部环境及企业内部资源和能力状况,为求得企业生存和长期发展,为不断地获得新的竞争优势,对企业的发展目标、达成目标的途径和手段的总体谋划。在这些谋划中,起主要作用的是企业高管,成功的高层管理团队凭借自己的战略思考超越竞争者,取得企业的成功(张兆国,2002)。企业战略包括战略制定、战略实施和战略评价。其中,战略选择是集中体现高层管理团队职能和能力的环节。高层管理团队通过对企业内外部环境和资源的分析,对公司面临的选项进行抉择。那么,在战略上企业一般会面临什么选择呢?以往的文献归纳起来,大致有一般性竞争战略、多元化战略、一体化战略、跨国经营战略、并购与战略联盟等。在这些战略选择中,大多研究高层管理团队与战略选择相关的文献选择了企业层面的战略,尤其是多元化战略而不是一般性战略。其主要原因在于,多元化战略是企业成长的必由之路(杨杜,1995;彭罗斯,2007;李敬,2002)。从高管团队角度来研究企业成长,选择多元化战略角度更具有理论的一般性。实际上,其他战略选择如国际化、并购等都可以从多元化得到体现。除此之外,公司层面的战略选择更能体现出战略选择者的个人特性,以及带有标志性成果的公司层面的战略选择,对于企业高管来说是一种激励。所以在本书中,我们用多元化战略来表达企业的战略选择。多元化战略是指企业将资源分散到多个领域以追求利润的最大化以及风险的最小化。多元化战略的分类很多,按照与企业已有产品的关系,可分为相关多元化与非相关多元化。

多元化与企业高层管理团队的特征有着紧密的联系,尤其是与企业高层管理团队结构的同质化和异质性有关系。尽管学者们对高层管理团队异质性的定义有了较为统一的认识,但异质性对管理者行为的影响仍然是个未知数。一方面,Reilly(1989)[1]等学者认为高层管理团队的异质性会导致成员间产生沟通障碍,从而影响战略决策的质量[2]。甚至有学者曾指出,在大规模的多元化企业里,高层管理团队的和谐化是其能够做出有效决策的必要条件(Michael,1992)。另一方面,

---

[1]　Reilly Frank K. Investment analysis and portfolio management[M]. US: The Dryden Press,1989.

[2]　Tuckman J, Regan R A. Intactness of the home and behavioural problems in children[J]. Journal of Child Psychology and Psychiatry,1966,7(3-4):225-233.

有的学者又指出,高层管理团队的多元化能给企业带来更多的利益。尽管高异质性的管理团队面临着决策速度慢、内部冲突大的风险,但团队成员的多样性使得高层管理团队在进行战略决策时,考虑的因素更多,视界更广(Eisenhart & Bourgeois,1955)。Hambrick & Mason(1984)[1]曾提出,较高异质性的高层管理团队,其信息来源和知识结构都比异质性低的管理团队更为丰富,因此,他们做出的战略决策反而更有效。当然,学者们并没有忽视高层管理团队同质性的优点。Chrimm & Smith(1991)就曾指出,在较为稳定的经营环境中,同质性高的管理团队运作起来更有效率。因为在稳定的环境下,做战略决策不需要考虑太多的因素,稳定的环境对决策的风险已经形成了一定的抵御,过多过杂的意见反而会使得决策质量下降。

2. 冲突。在上述高层管理团队结构的异质性与同质性的概念中还涉及本书的一个重要概念——冲突。组织成员间的冲突是基于利益前提在高层管理成员特性的促使下发生的成员间的语言、行为冲突。在冲突的过程中,由浅入深分别有潜在冲突、知觉冲突、意向冲突、行为冲突和结果冲突。潜在冲突(或称为隐性冲突)处于冲突的潜伏期,知觉冲突处于冲突的认知期,意向冲突处于冲突的判断期,行为冲突处于冲突的作为期或表现期,结果冲突处于冲突的后果期。企业高层管理团队成员在上一个时期的冲突行为将会在这一时期产生效果。结果冲突是最后的表现形式,必须要以一个正式的形式表现出来。在上市公司中,结果冲突的表现形式就是“三会”,即股东大会、董事会、监事会。三会的数量变化反映出冲突的剧烈程度。本书所揭示的是结果冲突。

3. 社会资本。社会资本即“关系”。社会资本有两个层面上的概念,一个是广义的社会资本,是指高层管理团队成员拥有的社会资源的平均数,狭义的社会资本是指高层管理团队成员拥有的政府资源,即成员的政治关联。为什么要考虑社会资本在高层管理团队中的作用呢? 根据优胜劣汰的观点,人们所处的社会环境造就了人的外部特征,也就是我们常说的:环境造就了个性。既然高层管理团队的客观特征与社会环境有关,那我们就不可忽视文化在其间发挥的作用。现今流行的大部分管理学理论来源于西方发达国家,但东西方文化存在着很大差别。其中较为突出的一点是东方文化注重集体主义,而西方文化更看重个人主义。本书所探讨的高层梯队理论、战略管理理论等几乎都来自于崇尚个人英雄主义的美国,但中国文化是典型的集体主义文化[2]。这种巨大的文化差异造成了许多西方理论的“水土不服”。特别是管理者认知的概念,人的认知来自于其成长的社会环

---

① Hambrick D, Mason P. Upper echelons: the organization as a reflection of its top managers[J]. Academy of Management Review,1984,9(2):193−206.

② 梁漱溟.中国文化要义[M].台北:中正书局,1963;李美枝.从有关公平判断的研究结果看中国人之人己关系的界限[J].本土心理学研究,1993,6:267−343.

境,因此,高层管理团队的异质性、认知在不同文化背景下所发挥的作用肯定也是有差异的,正如林毅夫与张维迎和杨小凯对于经济学在中国的应用一样。国内学者提出,我国企业的高管与美国公司的高管有很大区别,中国企业的管理者更注重"圈子文化",团队内外的界线更明显。因此,在团队内标新立异的个体就会遭到排挤,团队更注重统一的目标和行为模式,而不是特立独行的"个人英雄",从而导致了异质性团队的优势很难在我国的企业中得以发挥。Abbot(1970)①也曾指出,东方人比西方人更看重"关系"的作用。杨国枢(2004)②将其称之为"关系取向",国内学者们大多认为关系对中国人的行为模式和认知模式产生的影响极大。而在这种社会文化氛围中成长起来的高层管理者们,当然会把"关系"放在人际沟通目的的首位,造成的结果就是,团队成员对团队领导的唯命是从,甚至成员之间都较少出现直接的意见冲突。从心理学的角度来看,这是因为较强的集体主义文化会引发较强的从众心理,如果不肯从众,就会被排挤。尤其是核心高管的社会资本对团队整个素质的影响须重新审视。因此,在东方文化背景下,较高的高层管理团队社会资本异质性对战略决策是弊大于利。基于以上的分析,为了更加立体地考察高管团队与企业成长的关系,本书将侧重在政治关联的背景下来考察CEO的社会资本。

三、企业成长

企业的成长,是指企业的发展、存续的过程。企业的成长实质上是量的增长与质的增长的统一(Bartier,1990;Stevin&Covin,1990)。随着对企业成长性研究的深入,现代的企业成长性已经不单单是企业规模上的扩张以及存在形式的变化,而是企业为了实现其经济性和社会性目标(Ghosh,2001)而做出的适应过程。尽管在企业成长的过程中,会有一些阶段性的退步,但其整体趋势是向前发展的。企业成长性实质上是一种"增长"与"增加"的动态过程,表现为公司所在产业具有成长空间,企业规模不断扩大,产品具有广阔前景,经营业绩持续提升。企业从一个小规模的组织发展成为一个庞大的集团,从一个产业到另外一个产业,从一个业态扩大到多个业态。在这个过程中,企业表现出来的有规模的变化、有盈利水平的变化、有经营范围和行业的变化,还有经营者及其理念的变化。这些表现都可以用来表征企业的成长。本书从企业盈利性成长的角度来研究企业的成长。具体来说,就是通过对企业的短期、中期和长期的财务以及企业在固定资产、财务杠杆等指标上的变化来综合反映企业的成长状况。这些侧面是企业成长过程的一个有机组成部分。这种测量方式的来源是国泰安数据公司。之所以使用这样的测量方法,从理论上讲,影响企业成长这些侧面的前因是企业中不同的高管,他

---

① Abbot K A. Harmony and Individualism[M]. Taipei: Orient Cultural Service, 1970.

② 杨国枢. 中国人的心理与行为. [M]. 北京: 中国人民大学出版社, 2004.

们通过不同的渠道对企业成长的不同侧面实施影响。从实证角度来说,国泰安的这些数据有助于我们客观地认识高层管理团队特征与企业成长的关系。所以,本书试图运用统计学的因子分析方法把国泰安数据库这些指标归因为三个成长性指标,用于表示企业不同侧面的成长。他们分别是资源性成长、管理性成长和盈利性成长。

第四节　研究方法、技术路线与结构安排

一、研究方法

1. 问题与研究假设的提出方法。本书所采用的主要逻辑方法是假设演绎法。从以往文献的高层管理团队特征和企业成长以及战略选择的关系出发,为解释高层管理团队是如何对战略做出选择而提出一些尝试性的假说,并且将这些理论假设操作化。具体来说,就是从中国传统的"德"和"才"人才观出发,考察由这些人才组成的高管团队的特征,并对这些特征与企业成长的机制进行研究。然后,通过对我国上市公司的观察和数据统计以及回归分析来验证这些假设,据以做出理论贡献与创新。再从实证的结果出发,通过对高层管理团队特征以及战略选择理论的关注,提出本书的研究问题及其结论。本书的假设基础是文献研究。

2. 测量方法与工具。对管理者认知的测量方法一直是相关研究的难题。对于高管的调查仅在小样本的案例研究中有一定的可操作性(Vidaillet,2001)。主要原因是大样本的一般分析的数据测量常常得不到大公司的支持和回应,还会受到公司其他管理者的限制(Waller et al,1995)。一些文献指出,从访谈或其他方法所得出的定性推断缺乏较高的可靠性和可复制性。因此,样本通常都来源于较小的企业,从而大大降低了研究结论的可信度。而管理认知的研究已经远远脱离了案例研究这样的初级阶段,需要的是大样本的一般性验证。最后,访谈问卷的方法还受到严格的时间限制,不可能测量出管理者以前的认知。这很不利于存在较强滞后效应的变革过程的研究。

考虑到以上因素,本书拟用因子分析的办法来对高层管理团队的特征和企业成长性进行研究,以期用高层管理团队的客观性特征来刻画不易测量的隐性的认知变量,并用多个企业成长指标综合性地反映企业的成长阶段。

对于其他对象的测量,将在以往文献的基础上结合本书的特点确定测量方法。

3. 数据处理与分析方法。本书所涉及的变量有高层管理团队人口统计学特征、高层管理团队认知特点、公司企业成长、战略选择等。我们采用结构方程来同时处理多个变量之间的关系,并利用路径分析的方法比较及评价不同的回归模型。本书采用的统计分析与计量经济学分析工具包括:① 因子分析法,用于测量

高层管理团队认知特征和企业成长特点,使用 SPSS 18.0 作为分析工具;② 描述性统计分析方法,用于说明研究设计中的控制变量、自变量和因变量的平均数、标准差、百分比、频数等描述性资料的类别及其特性;③ 相关性分析,用以预测各变量之间的相关程度;④ 结构方程以及路径分析,用于分析变量间的关系和整体模型,采用 SPSS 18.0 和 AMOS 6.0 作为分析工具。

二、技术路线

根据前文所提出的本书的理论框架,我们确定了本书的技术路线与研究流程(图 1-1)。

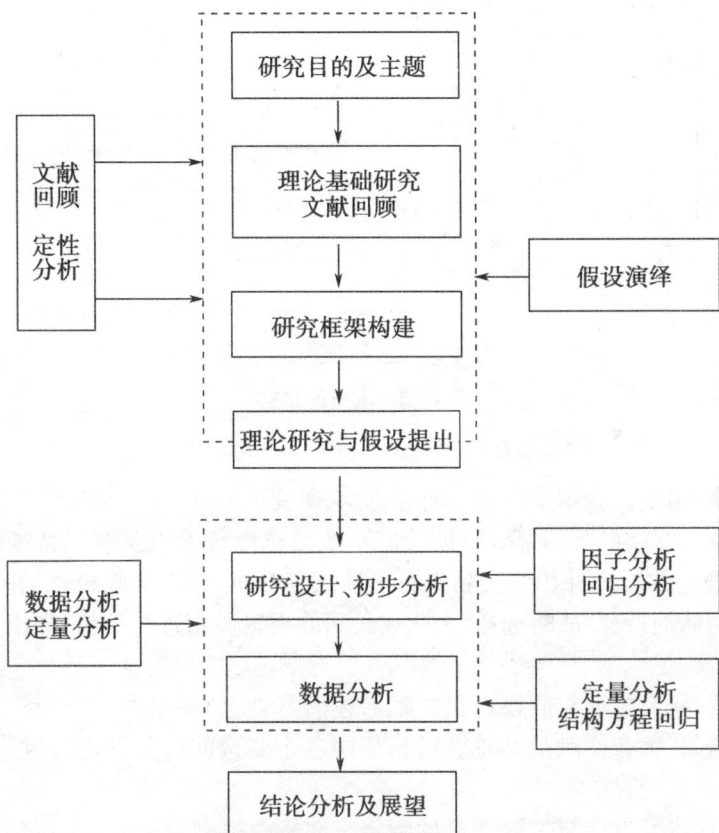

图 1-1 技术路线与研究流程图

首先,明确研究的问题以及研究目的,然后对相关的理论文献进行回顾与评述,通过对以往文献的探讨,推导出本书的框架与理论假设。其次,根据理论假设中涉及的概念及变量进行确定。其三,根据研究的框架进行研究设计,并选择合乎研究要求的样本数据。其四,运用统计软件进行定量分析,对先前提出的假设进行检验。最后,再根据定量分析的结果推导出本书的结论,并对结果进行讨论,以明确高层梯队理论今后的研究方向。

三、结构安排

基于上述的研究流程以及主要内容,本书将分为8个部分,它们是绪论、文献综述、研究假设、初步研究、研究设计、研究结果、结果分析与讨论、结论与展望,整体结构如图1-2所示。

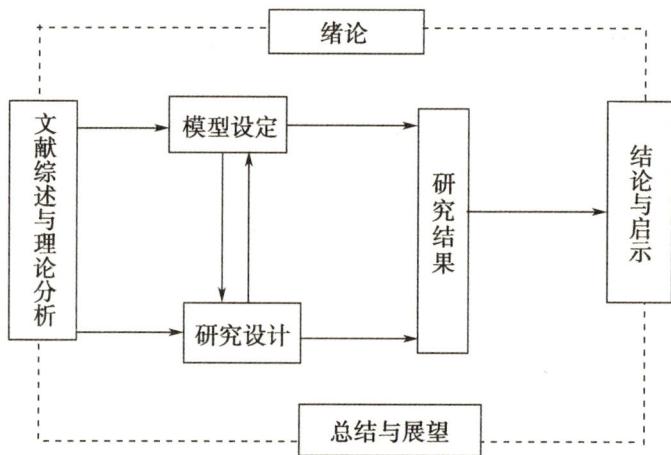

图 1‐2 本书的结构

(图中箭头表示各章间的逻辑关系,虚线表示包含关系)

第一章,绪论。介绍了本书的研究背景、研究内容、研究意义和研究流程。

第二章,文献综述。对高层梯队理论、战略选择理论以及客观特征的聚合变量基础观理论的国内外相关文献进行了梳理与分析,并在文献梳理的基础上,对高层管理团队的特征、战略选择、企业成长间的逻辑关系进行分析,提出本书的各项假设。

第三章,研究模型与假设。在文献综述的基础上,提出本书的模型。结合初步研究的结果,综合文献的结论。对模型中各个变量间的关系进行讨论,并提出假设。

第四章,研究设计与关键变量的测定。在概念模型与假设的基础上,对概念间的关系进行深入论证,并结合以往文献的方法,对关键变量进行测定。再利用因子分析方法,对高层管理团队的特征和企业成长类型进行测定。

第五章,数据分析与假设检验。利用上市公司的数据,在理论分析的基础上,首先利用层次回归模型对高层管理团队特征与企业成长之间的关系进行分析;其次,探讨在不同情境下(高管社会资本)的高层管理团队特征与企业成长的关系;然后利用结构方程对中介变量进行实证分析。

第六章,结论与展望。运用定性分析的成果对上一章所得的定量研究结果进行理论分析与讨论,比较本书结果与已有研究结论的差异,探讨研究结果的理论意义以及对企业实践的意义,并用一个案例分析来进行更直观的解释。最后,对本书的工作进行总结,分析研究的成果以及不足之处,并对未来研究提出建议。

第五节　研究难点与创新点

一、本书突破的难点

1. 本书试图从中国传统人才观与和谐理论的角度构建高层管理团队客观特征中所包含的具有定性意义的抽象特征,比如能力、治理等特征。这些特征蕴含在诸如年龄、任职、教育等人口统计学特征之中。在形成概念体系之后,将这些抽象的特征与战略选择之间进行逻辑联系。为此,既要考虑中国传统文化的真实内涵,又要和现代公司理论相糅合,形成科学合理的认知维度,并设计、组织、实施两者间关系的实证研究,这是本课题需要解决的关键问题和难题。

2. 本书在对高层管理团队的特征进行理论抽象后,需要对企业成长的类型进行分析,以期对高层管理团队成员的能力与价值观所形成的能力与治理特征的理论逻辑进行解释。所以,在对高层管理团队的抽象特征进行确定后,以相关特征为出发点,对企业成长的类型进行探索,最终形成科学合理的企业成长层次,也是本课题需要解决的关键问题和难题。

3. 现有研究对涉及高层管理团队综合性特征与战略选择方面的相关研究比较少,对于高层管理团队在企业战略选择中的作用及其机制缺乏系统的研究。因此,从企业成长的角度深入分析和验证影响战略选择行为的因素,系统研究和总结高层管理团队特征对战略选择的影响,探讨高层管理团队特征和不同层次的企业成长间的逻辑关系,尤其是这些逻辑关系的机制问题,是一个极具开拓性的工作,具有较高的难度。本书还试图探讨和比较特定环境下高层管理团队的能力和治理特征对战略选择的影响,即尝试分析社会资本在高层管理团队特征和企业成长之间所起到的调节作用。在国内外已有研究的基础上,探讨社会资本对高层管理团队的能力与企业成长过程中所产生的影响,从而证明企业成长环境的微观机制,这在以往的研究中还较少涉及。

4. 高层管理团队和谐性的变化的动力机制也是高层梯队理论研究的难点问题,什么促使高层管理团队和谐地变迁？是企业的绩效还是外部环境？这在以往的文献中有不同的结论,这个结论的不稳健性说明了高管团队变化的驱动力问题是研究的一个难点。本书对此提出从能力和价值观匹配的角度,用管理冲突通过正式的组织渠道来推动高层管理团队的变化,从而影响企业的成长。

二、本书的创新点

1. 本书从中国传统的人才观出发,结合高层梯队理论,以高层管理团队的职能为基础,以高层管理团队的人口统计学特征为研究对象,提出了高层管理团队的三个抽象特征:能力特征、治理特征和自然特征。试图从企业成长的角度回答一个合格的高层管理团队要具备什么样的特征,那就是要拥有一定的资源、具有经营管理的技能以及具有良好的治理机制,本书提出的高层管理团队的三个特征反映了这样的要求。本书所使用的方法克服了主观心理特征的数据不可取得的缺陷,又具备了客观真实的特点。

2. 本书对企业成长型的区分是一个创新。本书将企业的成长区分为资源性成长、管理性成长和盈利性成长。企业成长一般要经历从量变到质变的过程,企业成长的量变是企业在对资源的占有而形成的资源性成长后对规模经济的追求,企业的质变是在克服了彭罗斯效应后完成的管理性成长。无论是规模经济还是管理成长,在企业最终的表现形式以及对下一个阶段成长的动力是企业的盈利性成长。

3. 本书从战略选择和社会资本的角度,探讨高层管理团队与企业成长的关系。在以往的研究中,社会资本和冲突往往作为一个前因来讨论它如何影响企业战略选择,但是作为一个有层次结构的组织,高管团队不同成员的社会资本,对团队其他成员乃至团队的影响是高层管理梯队理论的一个重要部分。本书将 CEO 的社会资本作为一个调节变量来考察高层管理团队的特征与企业成长的关系,并将董事会会议的变化这个冲突变量作为调节变量,来考察高层管理团队的变化与企业成长的关系。这两点是一个创新,并得到了发人深省的结论。

4. 本书的结论对于中国企业乃至全球企业的高管团队的组成、变化具有的实践意义来说是一个创新。尤其是对于处于经济转型期,或者处于市场机制还不是很完善的国家的企业来说,高层管理团队的社会资源在企业内部尤其是在高层管理团队内部的作用是把双刃剑;在企业外部,对整个经济(经营)环境带来的负面影响都具有重要的借鉴作用。

第二章 文 献 综 述

本书探讨高层管理团队的特征与企业成长的关系,涉及的理论有高层梯队理论、企业成长理论、委托代理理论、社会资本理论以及和谐管理理论。

第一节 高层梯队理论综述

一、基于有限理性前提的高层梯队理论

企业战略传统的理论方法论同大多数经济学理论的方法论一样,都包含了个人主义要素和完全理性主义要素。这些传统的战略理论主要从经济技术的视角来研究企业的战略选择,如波特(Porter)、安索夫(Ansoff)等。他们的研究基于宏观的理性因素,几乎看不到战略决策制定者的身影,他们把战略决策者高度抽象化,视战略投资者为类似于其他企业资产一样的东西,战略决策者以一种单纯的经济因素的形式,被纳入到战略分析框架中。传统的战略学针对战略决策者的能力进行了相关假设,认为战略决策者是有着完全理性的专业人员,战略决策者能够对环境、产品、竞争对手等展开全面的分析。因此,他们认为企业想要得到足够合适的竞争战略,只要按照合理的战略分析方法展开分析即可。

汉布里克和梅森(Hambrick & Mason,1984)发现了这一传统战略理论致命的缺陷,舍弃了完全理性这一假设,并进一步发展为更加符合实际情景的有限理性假设。他们认为在有限理性假设的前提下,高层管理团队成员在进行决策时,会受到自身条件(资源)、人口统计学特征、环境以及这些因素相互作用的影响。他们在普费弗(Pfeffer)的研究基础上,提出了高层梯队理论(Upper Echelon Theory,简称UET)。与传统的战略管理理论着眼于纯粹的经济技术过程或信息过程不同,UE理论摒弃了传统理论依赖的完全理性假设,在卡耐基学派有限理性假设和组织行为学家相关研究的基础上,从高层管理团队的认知心理过程出发,研究战略选择、组织企业成长的决定因素。

鉴于高层管理团队理论方法论中的个人主义要素,以及高层管理团队个体认知心理过程的复杂性、不可测性,同时,考虑到普费弗(Pfeffer,1983)曾指出,利用社会学领域的人口统计特征模型,可以研究高层管理团队的稳定性,汉布里克和梅森提出用高层管理团队的人口统计学特征(例如年龄、工作年限、教育程度等)

及其差异性,作为高层管理团队认知心理过程的代理变量(proxy),来预测组织的产出(如战略选择、组织企业成长等),其模型见图2-1。

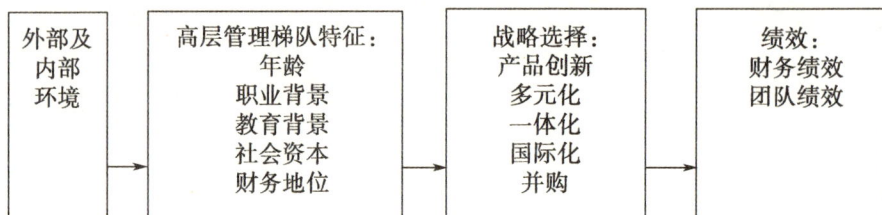

外部及内部环境	高层管理梯队特征: 年龄 职业背景 教育背景 社会资本 财务地位	战略选择: 产品创新 多元化 一体化 国际化 并购	绩效: 财务绩效 团队绩效

图2-1　高层梯队模型

二、资源与过程:高层梯队理论的发展

高层梯队理论的提出对于高层管理团队的研究具有重要的意义,是研究高层管理团队领域中的奠基石。自其被提出后的20余年,几乎所有高层管理团队的研究都会引用这篇论文,可见其影响之深远。该理论将研究内容从"研究 CEO 个人"转而变为研究高层管理团队,开拓出了一片全新的、具有重大影响的研究领域。20多年来,高层梯队理论的研究经历了从资源整合到过程整合的发展过程。

1. 资源基础理论视角的高管资源整合

高层管理团队的资源整合观认为,进入企业高层管理团队的成员必然具备一定的资源特性,例如恰当的年龄、学历、任职经历等,该理论从人力资源的角度来探讨高管特征和企业成长之间的关系。在之后的研究中,高层梯队理论的资源整合观取得了一系列丰硕的成果,学者们(Sambharya,1996;Tihanyi et al,2000;Ferrier,2001;Kor,2003;Martha & Joseph,2000;Boone et al,2004;Wiersema & Bird,1993;Geletkanycz,1997)①分别从团队的平均年龄、学历水平、任职期限、团

---

① Sambharya R B. Foreign experience of top management teams and international diversification strategies of US multinational companies[J]. Strategic Management Journal, 1996, 17(9): 739－746;Tihanyi L, Ellstrand A E, Daily C M. Composition of the top management team and firm international diversification[J]. Journal of Management, 2000, 26(6): 1157－1177;Ferrier W J. Navigating the competitive landscape: the drivers and consequences of competitive aggressiveness[J]. Academy of Management Journal, 2001, 44(4): 858－877;Kor Y T. Experience-based top management team competence and sustained growth[J]. Organization Science, 2003, 14(6): 707－719;Martha L M, Joseph J D. Global leaders are team players: developing global leaders through membership on global teams[J]. Human Resource Management, 2000, 39(2－3): 195－208;Boone C, Van O W, Van W A. The genesis of top management team diversity: selective turnover among top management teams in the Dutch newspaper publisher industry(1970－1994)[J]. Academy of Management Journal, 2004, 47(5): 633－656;Wiersema M F, Bird A. Organizational demography in Japanese firms: group heterogeneity, individual dissimilarity, and top management team turnover[J]. Academy of Management Journal, 1993, 36: 996－1025;Geletkanycz M A. The salience of culture's consequences: the effects of cultural values on top executive commitment to the status quo[J]. Strategic Management Journal, 1997, 18(8): 615－634.

队异质性、海外经历、文化背景等方面论述了团队的人口统计学特征与企业战略选择以及企业成长间的关系,这些研究都取得了令人信服的结论。随着研究的深入,高层管理团队的资源整合逐渐多元化。在可观测的显性变量中逐渐加入一些诸如性格、理念、价值观、行事风格、风险偏好等不易观测的潜变量,这些潜变量的出现,不仅丰富了资源整合观的研究内容,在研究方法上也呈现出了新的趋势。一方面,学者们开始通过公司年报之外的二手资料以及问卷调查的方式来分析研究高层管理团队成员的价值观、客观特征的聚合变量模式等其他资源特征;另一方面,又引入了少量的实验研究以及在个别行业领域中的纵向研究,以便更严谨地检验高层管理团队资源整合的组织结果(孙海法,2008)。

结合上述研究,我们发现高层管理团队的资源整合观也有不足的一面。首先,对于高层管理团队的定义缺乏统一的标准。关于高层管理团队的界定大致有以下几种:一是从层级制度的视角,以高管人员的职位来确定应纳入研究范围人员;二是以交易所对上市公司高管的定义为参考,对高管人员进行选择;三是仅仅把副总裁以上的高管纳入研究范围;四是从实际参与决策的视角,以问卷调查或访谈的方式,分析、判断哪些高管真正意义上参与了企业的战略决策,并最终将其纳入高层管理团队;五是从责权利的视角,考察高管的组成,其认为企业的重大决策是与薪酬相关的,故其选择得到薪酬最多的前五名高管进行研究。其次,对于高层管理团队特征的量化处理比较粗糙。之前的研究往往只对团队成员人口统计特征的进行简单加总,或者简单计算个体特征的差异,抑或只考虑某个特征而忽视其他特征之间的交互影响。这样的简单量化方法忽略了团队的层级、结构、权力以及沟通与合作等因素对企业成长的影响。最后,前期研究在归因处理上比较单薄。影响企业成长的因素众多,即便是在控制了一些关键因素的情况下,探寻高管特征与企业成长的关系,也需要考虑高管特征与企业成长关系的作用机制(中介变量)以及相关情景(调节变量),而不仅是简单的因果关系。鉴于这些不足,从资源角度出发探究高层管理团队与企业成长关系的研究结果出现了较多的不一致的情况,特别是在实证研究中,不同的研究得出的一些高管特征对于企业成长的作用结果截然相反。这无疑对高层梯队理论的可信度带来了巨大的挑战。

面对这些挑战,学者们大致从两个方面寻求突破。一是立足于现有的资源观,不断地修正原先的不足,运用其他相关理论,多角度、多方法地研究高层管理团队与企业成长间的关系。如汉布里克和芬克尔斯坦于1996年对十年前的模型进行了改进,这些改进主要体现在对人口统计特征的提炼,他们提出了三个可以辨别的高层管理团队的核心要素,即组成、过程、结构。组成要素主要是指年龄、文化背景、教育程度、职业经历、专业方向等人口统计特征;过程要素侧重于团队成员之间的沟通、协调、冲突解决、激励和领导等;结构要素主要是指团队的异质性水平以及团队成员间的关系,比如CEO在高层管理团队中的核心作用等。这一理念是今后高层梯队理论的一个重要发展方向,尤其是不同理论的综合。比如代理理论中,张必武等(2005)认为高层梯队理论侧重于基于人口特征视角的偏好与性格,而代理理论则重视基于职位视角的偏好与性格。卡朋特等(Carpenter et al,2004)①认为将来的研究应该侧重于高层梯队理论与代理理论的融合,以便更好地分析、研究公司高层管理团队与公司战略之间的关系,基于此,他们还提出了一个多理论整合模型。但是,这些理论的基础依然涉及应该把哪些特征纳入到研究中,以及这些综合的标准是什么等问题,这些都有待于进一步研究。二是摒弃高层管理团队的人口统计学特征类的代理变量,试图直接去观测高层管理团队成员间的管理认知过程。

2. 从资源到过程

介于上述研究的不足,卡朋特等(Carpenter et al,2004)总结了1995—2003年间基于高层梯队理论的实证研究,在充分阅读、理解前人的研究成果后,进一步提出了高层梯队理论的修正模型(图2-2)。这一修正的模型第一次将人口统计特征舍弃,取而代之的是诸如认知、技能和行为倾向等理论构念,这些因素能够真正影响高层管理团队的运作效率,成为这一修正模型的一个重要特点。很多学者认为,只有揭开高管特征与企业成长间的认知过程这个"黑箱",才能最终弄清高管与企业成长的理论机制。这些观点,我们可以称为 UE 的"过程论"。虽然从认知论的角度,我们对于管理认知过程有了一定的认识,即认为管理认知包含了领导、沟通、冲突、决策、社会整合等要素。但是作用过程和要素之间的相互影响,导致

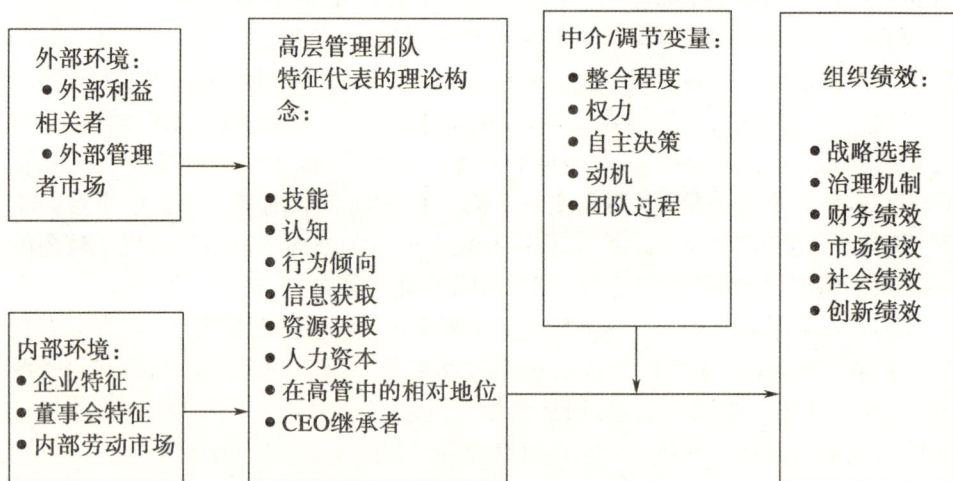

图 2-2　高层梯队理论的修正模型

---

① Carpenter M A, Geletkanycz M A, Sanders W G. Upper echelons research revisited: antecedents, elements, and consequences of top management team composition[J]. Journal of Management, 2004, 30 (6): 749 - 778.

认知过程的复杂性,从而使得这条途径充满了艰辛与挑战(方海鹰,2007)。这些挑战主要体现在对认知过程要素的测量,以及高层管理团队相关数据的可得性上。更为重要的是,早先汉布里克和梅森的研究之所以选择可以测量的人口统计学特征来替代,正是考虑到管理认知过程中要素的难以测量。

为了克服管理认知过程要素的难以测量性,学者们进行了各种尝试。有学者从微观的视角提出采用仿真、实验以及脑扫描的方法。汉布里克(Hambrick)则建议使用一种新的有限理性战略仿真游戏,在该游戏中,参与者(最好是真实的高管)可以自由多轮表达自己的意见,该方法较之实际处理时的信息更充分。UE学者能够探索到参与者的特性如何表现(如经验、个性)以及团队特征(如异质性,权力分配)在进入、权衡、解释信息及决策的特点。通过该方法把学习或者转换的模式和个人以及参与者的团队特征联系在一起,具有重大的意义。尽管这种仿真在研究相关问题上可以视为很有价值的潜在技术,但是这一方法真正的挑战在于能否找到愿意参与的高管。

此外,也有学者受到了最尖端的脑扫描(定量脑电图和功能磁共振)技术在认知心理学应用发展的启发。这种技术主要应用在高管认知的几个方面,比如高管的冒险行为、理性以及社会知识和技能(瓦尔德曼,詹森,2014)[1]。他们还提出了有关组织调整的高管认知过程的新见解。学者们会比较在组织适应力方面成功的高管和不太成功的高管的大脑活动在面临组织适应力问题时模式的不同。这种大脑活动模式在不同类型的参与者中是否都会偏离?参与者的特征如人口统计学特征或个性(自恋)会影响这种活动模式吗?在这种类型的研究中,研究者会发现高管能力在组织适应力上的神经学上的差异。这种方法与仿真游戏有共同的挑战,即难以找到愿意参与的高管。

对于过程论来说,辛苦得来的相关变量与组织企业成长间的关系虽然在理论上被认为是直接联系、没有中介的,但是还会受到许多调节变量和环境(控制)变量的影响。同时,这些直接的变量作为组织企业成长的前因,其作用可能是不同的。有的是自变量,有的则是调节变量,有的也可能是其他变量的中介变量。如方海鹰(2007)在其博士论文中用调研得到的一手数据对高管的价值观等直接变量进行测量、研究,结果显示:一些直接变量如价值观等与企业成长的直接关系并不是很显著,需要有中介和调节变量的作用。这个结果从逻辑上来说也是可以理解和接受的,一个能力低下的团队即使有着相同的价值观,其企业成长也是差强人意。同样,一个能力很好的团队如果价值观相左,导致冲突不断,内耗升级,组织的企业成长也不会很好。

---

① 唐·瓦尔德曼,伊丽莎白·詹森. 产业组织:理论与实践[M]. 北京:中国人民大学出版社,2014.

3. 综合理论在高层梯队中的运用

无论是从资源基础理论的视角,还是从微观的认知过程视角,上述一系列理论在揭示高层管理团队与企业成长之间的关系上都略显单薄。于是,学者们开始尝试不同理论的综合运用。

卡朋特等(Carpenter et al,2004)认为,为更好地分析、理解公司高层管理团队与公司战略之间的内在关系,UE 未来的研究方向应该重视多种理论的融合。他们进一步指出,前期基于资源基础视角的高层梯队理论侧重于基于人口特征视角的偏好与性格,而代理理论则更注重基于职位视角的偏好与性格。因此,有必要将这些理论结合在一起,体现在不同情境中高层管理团队的决策机制,并提出了一个多理论整合的模型(图 2-3)。

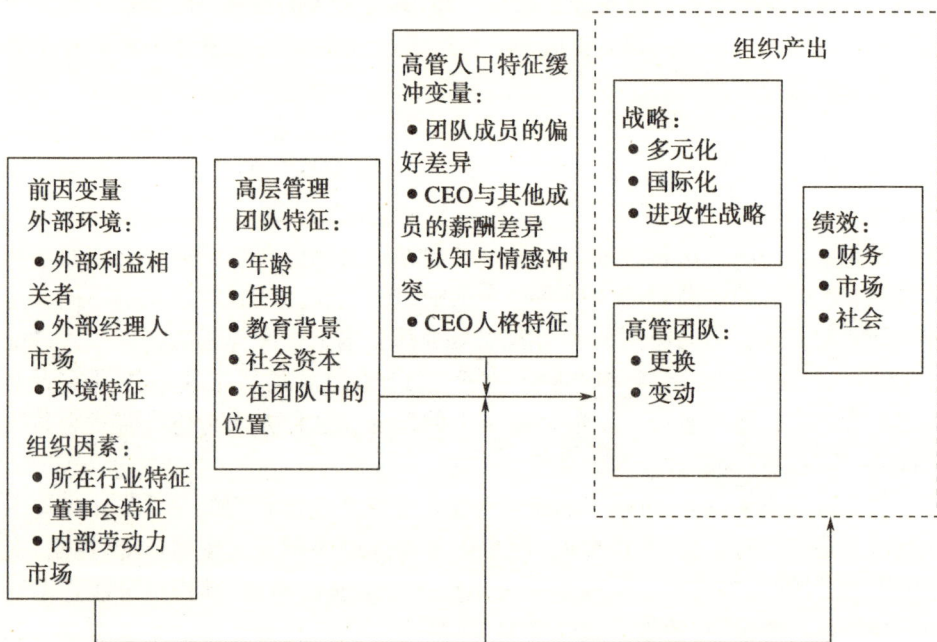

图 2-3 多理论整合模型

权变理论的观点认为,在不同的情景下,决策要素的变化不尽相同,因此,企业的成长就会有所不同;代理理论的观点认为,高层管理团队的成员在企业中的权力是有差异的,这些差异对于企业的决策具有决定性的意义。这些理论在前期实证研究中已有大量文献涉及。在已有的实证文献中,这些机制和情景包括行业风险、民族文化、企业成长、权力分布等方面。魏斯玛和伯德(Wiersema & Bird,1993)的研究表明,日本企业高层管理团队的高异质性,使日本企业相对于美国企业而言,往往会伴随着低企业成长和高辞职率。Geletkanycz(1997)[①]的研究也显示,组织承诺度在不同民族文化背景的高管人员之间存在着较大的差异,东方文化以集体主义为主要特征,高管人员的任期与其对企业的忠诚度呈显著的正向关系;西方文化以个人主义为主要特征,不同于集体主义文化下的情况,高管人员的任期与其忠诚度之间并不存在显著关系。格林宁和约翰逊(Greening & Johnson, 1997)的研究显示,在影响企业处理危机能力的因素中,年龄与任期的异质性存在显著的调节作用,高层管理团队的差异与企业危机程度之间呈现 U 形关系,而职业背景、受教育背景等特征在企业处理危机的能力中的调节作用并不明显。从社会心理角度出发,卡朋特和弗雷德里克森(Carpenter & Fredrickson,2001)认为环境的不确定性因素在高层管理团队人口特征与战略决策的关系中起调节作用。实证结果发现,在低不确定性环境下,受教育程度、工作历程、高层管理团队任期等方面的异质性与企业的全球化战略呈正相关;而在高不确定性环境下,任期与工作历程的异质性与企业的全球化战略呈负相关。西蒙斯等(Simons et al,1999)的研究发现,高层管理团队的异质性(工作历程、受教育程度与任期)对企业成长的影响中,高层管理团队成员之间的争论会在当中起到调节作用。主管团队的领导越鼓励争论,就越有利于团队异质性对企业成长产生充分的正效应。史密斯(Smith,2006)等深入研究了高层管理团队权力分布状况与组织企业成长之间的关系,对人口统计学特征在其中的作用进行了分析。他们发现,要取得良好的企业成长绩效,需要将权力集中到两个人身上,即 CEO 和第二所有权,并且这两个人在人口统计学特征上需要存在明显的差异性,即权力分布不均匀的高层管理团队与企业成长是正相关的。综上所述,这些研究均采用了多个理论和高层梯队理论相结合的思想,试图从一个崭新的角度来分析、解读高层管理团队和企业成长的关系。但同时,我们发现其综合性主要体现在相关的理论上,在前因上还存在资源论的分散现象。我们认为,除了相关理论的综合外,还应该考虑高管特征的综合性。理论上的综合是解决情景问题的方法,高管特征的综合是解决前因问题的途径。

前述理论已说明,简单地考虑人口统计学特征是有缺陷的,同时,我们并没有改变人口统计学特征本身的可能性,如果我们仅侧重于团队的构成,则只能为组建团队工作提供一些简单的参考依据,却没有办法帮助分析、解释团队运作的整个过程(刘军等,2008)[②]。另外,抛弃资源论,只选择过程论也是有缺陷的,因为很多的过程变量是难以测量的,并且很多的过程变量并不是企业成长的前因,而只是其中的中介和调节变量(方海鹰,2007)。所以,要探寻团队企业成长的前因,必

① Geletkanycz M A. The salience of culture's consequences: the effects of cultural values on top executive commitment to the status quo[J]. Strategic Management Journal, 1997, 18(8): 615-634.

② 刘军,富萍萍,张海娜.下属权威崇拜观念对信心领导过程的影响:来自保险业的证据[J].管理评论,2008,20(1):26-31.

须从资源论和过程论两个方面综合考虑。一方面,从团队人口统计学的特征(资源论)来研究,综合考虑人口统计学的特征,生成一个代表团队的"能力"前因。这个能力,就是高层管理团队所必须具备的与其职责相对应的管理能力,其外在表现便是这些人口统计学特征。另一方面,从过程论与资源论相结合的角度,形成在一定的情景和过程下的"能力",并研究该"能力"与企业成长的关系。这是资源基础理论、代理理论和权变理论的综合,我们认为是对高层梯队理论多理论整合模型的修正模型。概括来说,这个修正后的模型的理念就是:具备特定能力的高管在一定的治理机制(权力、地位)下,经历某种形式的管理认知过程,形成了一定的组织产出(战略选择、创新等)和企业成长,模型如图2-4所示。

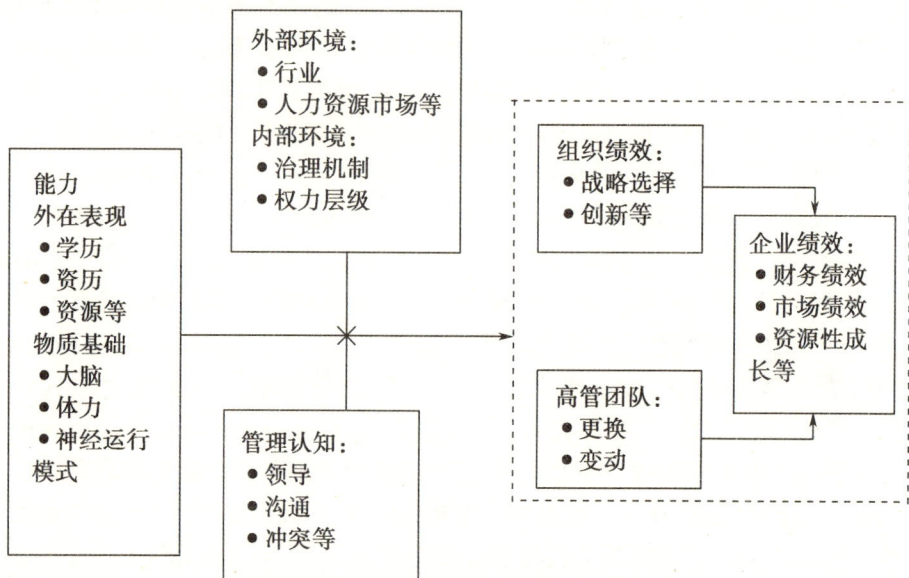

图2-4 多理论整合修正模型

和卡朋特的模型相比,本书提出的修正模型有两个显著的特点:一是不再探究某一个人口统计学的特征,而是综合考察形成团队的管理能力和能力的不同层次;二是将组织的管理认知过程整合在一起,形成治理机制的调节变量,不再与主干结构相互影响,使模型更加简洁明了。

第二节　企业成长理论

一、企业成长理论的发展

企业成长构成一国经济发展和经济繁荣的基础,企业成长理论逐渐成为经济学和管理学研究的热点问题。什么才是企业成长的动力？在以往的文献中,大致有两大类六种理论：一类是从企业内部因素入手,认为在企业的成长过程中,企业的内部因素起着决定性的作用,这类理论以彭罗斯的资源基础理论为代表,从彭罗斯的资源基础理论再到哈默的核心能力学说以及肯特的知识基础说,从钱德勒的企业成长技术论到弗瑞曼的企业生态论,无不表达出企业的内在要素对企业成长的影响。这些理论认为企业成长的驱动力来源于企业内部的资源、能力、知识。另一类是从企业外部因素入手,认为在企业的成长过程中,外部因素起着重要的作用。这类理论以制度经济学为代表,从亚当·斯密和马歇尔的规模经济,到科斯和威廉姆森的交易费用和企业边界理论,从波特的竞争理论到科宁斯的转型成长理论。外生成长理论把企业视为一个"黑箱",认为导致企业成长的因素主要来源于企业外部,企业要实现成长,必须适应和利用这些机遇和挑战。这两类理论大致有六种理论,详见表 2-1。

表 2-1　企业成长理论

代表学者	理论要点
彭罗斯	1. 企业追求对相对未充分利用的资源的继续利用得到成长；2. 企业的人力资源对企业的扩张来说,既是引致性因素又是限制性因素；3. 提出了彭罗斯效应；4. 企业成长受制于管理资源不足
钱德勒	1. 大企业可以在一定程度上实现对市场的替代；2. 在一定的前提下,科层管理比市场机制更能有效控制和协调经济活动,这时企业就开始成长；3. 企业成长与工薪阶层和企业内部层级制的形成有关；4. 现代企业曾先后采用过 H、U、M 三种内部管理层级制；5. 企业多元化和纵向一体化是现代企业成长的主要战略
唐纳德	企业成长受到需求约束、管理约束、财务约束、管理者目标约束等四重约束
科斯和威廉姆森	科斯首创现代企业理论,对企业规模扩张做出了科学的解释。现代企业理论认为企业扩张的动力是为了减少交易费用,当市场交易费用的节约与企业内交易费用的上升相等时,企业规模的扩大就停止,企业与市场的边界就确定了
纳尔逊和温特	反对"正统微观经济理论"不符合现实的"最大化"的假设和思想。认为企业成长的轨迹类似"物竞天择、适者生存"的生物演化过程。企业通过"组织惯例""搜寻"和"选择环境"促使企业成长
汉拿和弗瑞曼	用达尔文主义来研究生存在竞争世界中的企业,将外部环境因素作为决定企业的生存、成长或死亡的决定性因素。企业要成长必须培育以发展为导向的协作性经济群体,建立以价值链为特征的商业生态系统。在一定时间内,价值链犹如生态链一样,每个个体是通过彼此之间的相互作用而有利于各自生存和繁衍的

二、资源基础理论的基本内容

1. 资源基础理论。1984 年,沃纳菲尔特(Wernerfelt)提出资源基础理论,其基本思想是:企业拥有的可持续竞争优势主要来自企业拥有的独特的有形和无形的资源,这些资源依托物质载体可转变成企业独特的发展能力。资源在企业间不可流动且难以复制。资源基础论把企业看作资源的集合体并将目标集中在资源的特性和战略要素市场上,以此来解释企业可持续优势和差异特性。其基本内容包括两个方面:其一,企业的竞争优势来源于资源。资源基础论认为,资源具有多种用途,其中货币资金作为营运资源对组织的影响最大。其二,持久的竞争优势来源于资源。由于资源的竞争优势通过外部条件发生作用,它能给企业带来持续的竞争优势以及生产效益。

2. 资源基础理论与企业成长。先前的经济学理论,如古典经济学、新古典经济学,并未对企业成长动因进行系统性的分析与模型构建。而资源基础论从企业的内部寻找企业成长动力来源,在黑箱理论、交易成本理论的基础上,以内生因素解释企业的成长。一般说来,企业决策具有以下特点:① 未知与复杂性,一般来说,经济、政治、文化等因素的变化与市场环境密切相关,但这些因素往往较为复杂且难以预测,决策者无法准确掌握消费者的心理与行为;② 利己性,企业决策各方往往以效用最大化作为生产目标,使得企业决策难以避免地存在战略缺陷。

(1) 由于企业的战略决策一旦施行就无法回头,各种资源的特定用途是企业经营发展的基础。企业的发展方向通常是根据自己所持有的各项资源制定的,这种资源积累指明了企业经营领域与渠道。例如,企业若根据自身情况,决定涉足物流行业,将组织全部的货币资源都投入到购买物流设备与招募物流人才上,它就无法往其他产业上发展,这就说明资源的专项性在一定程度上确定了企业的发展空间与方向。尽管资源具有一定缺陷,企业却乐意利用资源开发相关产业,因为资源的专用性能够给予产业更高效的收益。根据上述例子,如果企业管理层制定了符合实际条件的战略,那企业可能因此赚取更多的利润。当企业经过一段时间的运作后,其拥有的资源会因企业所处外部复杂的市场环境及自身内部的不计其数的小决策的作用下表现出巨大差异。企业的成长轨道一旦有所偏差,就可能陷入越来越偏离正轨的境地。

(2) 企业资源的异质性对企业获利能力的不同产生较大影响。本书所提及的资源应当具备以下五个条件:① 有价值;② 稀缺;③ 不可仿制性;④ 不可替代性;⑤ 价格低于价值。在经济利益的驱动下,一些扮演"跟随者"角色的企业由于自身没有明确的发展目标和方向,将会以优势企业的核心产业模式为模板,从而导致市场上企业发展模式、商品种类趋同,企业群无法获得预期的经济租金。企业特有的资源由于开放市场中信息公开的存在,并不能一直保持独有性,其他企业会因其巨大的开发空间而纷纷进入该领域。大量的研究者对这一问题进行了激烈

讨论,总结了三大因素:

第一,环境复杂性。各种外部因素都会造成企业战略决策的变化,从而影响企业的日常运作,在这种外部环境的作用下,作为企业所有活动的综合结果,即使是专业的研究人员也很难说出各项活动与企业租金的关系,本身缺乏辨识性和观察力,跟随企业无法得知领导企业的竞争资源,也不知应对自身资源做出何种调整。并且,由于跟随企业对领导企业的观察需要成本支撑,且这种观察成本与企业观察程度高低呈正相关,即使通过跟随模式获取少量效益,也可能因支付观察成本而无利可图。

第二,领域固定性。企业因为管理层的战略决策占据了某种优势,而这种优势起先并未引起大家的关注,也就没有人去跟随模仿。然而当环境发生变化,竞争资源优势日渐明朗,其价值日益显露,逐渐成为企业追逐的对象,此时,其他企业即使获得竞争资源或优势,也不可能以较低的成本获得资源或优势,而拥有资源优势的企业则可稳定地获得租金,得到长期发展。

第三,模仿成本。企业的模仿行为需要各项交易成本,主要包括时间成本和资金成本(李虹,2006)。当企业达到经营目标的时间期限很长,市场的未知性与复杂性的存在会使组织无法获得优势资源的价值,企业原先设想的核心竞争力也就无法带来生产效益。而当时间成本较小时,企业的跟随行为也会因为资金成本过高,无法达到预期目标。资金成本一般没有上限,这就促使企业一旦预测生产模式产生的收益不足于支付成本,将放弃此类战略决策。

三、特殊资源的获取与管理

资源基础理论是战略企业成长理论的主流理论,它引导企业的战略管理,国内外均有47%的企业成长论文以资源基础观为理论基础。但是由于外部环境条件不可控制,资源基础理论无法回答企业存在的各类问题,仅能确定企业成长发展的大体方向,根据企业普遍存在的不足提供具有普遍性的解决措施。当具体分析企业特殊资源的获取与管理时,可根据以下两个方面进行改善:

1. 学习资源。研究人员普遍赞同企业文化、成员的各类知识与能力也是企业的特殊资源。而这种特有资源并不是对个体简单加总得到的,而是秉承具体问题具体分析的原则,将其有机结合在一起进行评价的。企业成员进行有组织、系统性的学习后,不仅可以提高个人的思想境界和交往能力,还可以促进个人知识和能力向提高组织的知识和能力转化,对企业成长和发展产生积极作用。当然,根据工作岗位的特殊性,只有将特定的知识传递给特定工作岗位的人,才能提高企业运作的效率和速度,增强企业的竞争优势。因此,企业对知识微观活动过程进行管理,有助于企业获取特殊的资源,增强竞争优势。

2. 外部网络。对于弱势企业来说,仅仅依靠自己的力量来搜集并发展所需的全部知识和能力是一件花费大、效果差、成本高的事情。企业在经营活动中,需要不断地从外界吸收知识,通过建立战略联盟、知识联盟来学习优势企业的知识和技能,减少时间成本和交易成本。来自不同公司的员工合作共事、学习还可激发员工的创造力,促进知识的创造和能力的培养与转移。

四、高层管理团队特征与企业资源

人们重视资源基础论的原因,在于目前人们普遍认为企业的成长动力是内生的。高层管理团队主要是指那些拥有共同目标、实行良性互动、优化整合资源、具有高效能的管理班子。高层领导团队的决策功能更强。由于高层管理团队的成员主要来自于企业的最高层,这就决定了高层管理团队隐含着区别于一般工作团队的特性。当然,我们应当意识到并不是所有高层管理者组成的集合都是高层管理团队,唯有在竞争激烈、多变的市场条件下,还能促使成员更加紧密地合作,对市场变化做出相应的反应,更灵活地解决企业问题,最终产生更大影响和成效的团队才能称为高层管理团队。管理团队调度着战略的制定与执行,负责整个企业的组织运行与协调,拥有对企业经营管理更大的决策权与控制权。研究发现,越是优秀的高层管理团队,其成员的基本特征——资源特征越明显。换句话说,一项事业需要众多团队成员的参与是因为成员间互补的资源,而这些成员具有的资源又是独一无二且不可替代的。本书中我们将高层管理团队成员的部分人口统计特征定义为资源特征,如年龄、教育水平、任期、职业背景、社会经济地位等。研究表明,人口特征对组织革新、战略制定与执行、领导者更替以及企业成长有重要的影响。

1. 年龄。年龄作为资源特性的一个方面,主要通过影响成员的阅历与决策偏好发挥作用。年龄的差异往往决定了不同年龄阶段的管理者成长的环境、教育方式的差异性,进而导致不同的价值判断和价值选择。一般来说,如果高层管理团队成员的平均年龄较大,他们做出的战略决策越会倾向于规避风险,他们总是将保护现有的收入安全作为企业发展的第一要务。年轻的管理者们享有年龄资本,他们更容易因市场变化波动而改变企业战略,更乐意尝试创新,更愿意承担风险。如果从更深的层面来剖析产生这些现象的原因,我们可以观察到,正是由于年长的管理者们较于年轻者,其学习能力、逻辑推理以及记忆等认知能力随年龄的增长持续降低,导致他们在决策过程中更多地以过去的经验与信息作为指导依据,进一步影响了他们的决策偏好,因此,他们比年轻的管理者更难适应环境的变化。本书中的年龄这一资源特性主要通过影响高层管理团队成员的管理认知,比如经验、决策速度、专业能力等,从而导致不同的决策选择与战略制定。

班特和魏斯玛等实施了高层管理团队成员间的年龄差异性对人员更替影响的调查研究。研究发现,年龄差距较小的团队具有促使成员通力合作的吸引力,成员的向心力以及留恋性也更强。因此,成员们的年龄差距与保留团队人员呈负相关。当然,其他因素也会对人员更替产生部分影响,这一结论并不具有普遍性。

例如,对日本的高层管理团队的研究发现,在日本的特殊文化下,年龄异质性对团队成员的稳定有很强的促进作用。本书认为,年龄能够作为团队成员的资源特性并作为客观特征,在一定程度上反映高层管理团队在经营管理企业中的特征。

2. 教育水平。教育水平包括正规教育与在职培训(石婷婷,2007)。一般来说,个人的教育水平越高,其处理信息、认识事物以及实践的能力越强。美国研究人士在调查高层管理团队的特征时,发现高学历的高层管理团队在实行企业变革中更为成功。在研究人口统计特征对企业战略变化的影响中,高层管理团队的平均教育水平是最强的解释变量,高教育水平的团队更能选取适应市场变化的战略决策来获得企业的长足发展。此外,研究还发现,高层管理团队的教育异质性对组织的投资回报率以及销售增长率产生直接的积极作用。因此,本书认为教育水平在一定程度上能够作为影响企业战略的前因,是高层管理团队成员资源特性的一种体现。

3. 专业背景。汉布里克等(Hambrick et al,1992)把高层管理团队成员的专业技能分成两类:一类是会计、金融、法律等技能;另一类包括设计、生产、营销与管理等技能。第一类技能并不能为企业提供持续竞争力,而第二类专业技能与背景才是关键能力,能为组织发展提供核心竞争力。一些公司正是由于缺乏具有核心技能的专家最终破产。高层管理团队成员的专业背景会影响公司战略决策,特别是在管理团队中领导者的专业背景会导致公司战略向其所处的专业领域倾斜。因此,如果只重视核心能力,忽略其他专业技能对组织发展的推动力,也会导致企业运作的不合理性。现实生活中的外部环境复杂多变,公司面临不同层次的顾客群的多种需求,单一的专业技能和背景不足以适应市场变化,此时高层管理团队成员的多元化专业背景就显得格外重要。在多元化经营的企业中,因为团队成员多元化的决策偏好在一定程度上可以降低 CEO 的决策失误,高层管理团队更需要招揽各种专业背景的成员,除了传统的财务行政管理人员,还应包括营销、研发人员等。综上所述,本书将专业背景作为企业高层管理团队的资源特征之一,它是影响企业战略选择的前因之一。

4. 任期。高层管理团队成员的任期对组织企业成长产生影响作用。卡茨(Katz)在研究普通团队任期与企业成长的关系时,认为任期与企业成长大致呈"n"形关系。他认为团队发展要经历三个阶段:融合期、革新期与稳定期。处在融合期即创建初期的团队,由于成员间的融合度相对较低,通常会有运作低效的问题。随着合作时间的推移,当团队发展进入革新期成员会懂得互相分享新的见解,逐渐找到角色定位,发挥自身专长,促进团队成长。但 2 至 5 年后,这种组员间全面交流沟通的趋势会逐渐变弱,团队进入稳定期,此时组织决策更多沿袭惯例,企业风格缺乏适应性与创新力,企业发展逐渐走下坡路。所以任期作为高层管理团队成员的经验资源,它与企业成长的关系也是其资源特性与企业成长的关系。

第三节　委托代理理论

一、委托代理理论的提出

如今,委托代理关系在社会上的利用率越来越高,无论在经济领域或者社会领域,委托代理关系普遍存在。常见的有国企中的领导与雇员,企业所有者与注册会计师,公司股东与经理,选民与官员,医生与病人,债权人与债务人等之间的关系,它们属于委托代理关系范畴。在此关系诞生的过程中,社会"专业化"的存在是不可忽略的重要原因。当社会存在"专业化"的时候,考虑到相对优势,委托人愿意选择代理人代表其行动,久而久之便形成了我们今天所谓的"委托代理关系"。罗斯最早提出现代意义的委托代理这一概念,他认为:"如果当事人双方,其中代理人一方代表委托人一方的利益行使某些决策权,则代理关系就随之产生。"

继委托代理关系出现之后,20世纪30年代,一些企业所有者兼具经营者的做法让美国经济学家伯利和米恩斯产生了一些质疑。他们指出,这些企业的经营管理办法存在着严重弊端,为改进做法,两人共同探讨提出了"委托代理理论",倡导分离所有权和经营权,剩余索取权归属股东,经营权利则属于他人,比如经理人。

在非对称信息博弈论的基础上,委托代理理论得到了进一步发展。海萨尼[①]提出,非对称信息指的是部分参与人拥有但另一些参与人并不拥有的信息。从非对称发生的内容和时间两个角度可以对信息的非对称性进行划分。从前者来看,可能存在两种情形:事前非对称和事后非对称。在当事人签约之前,非对称性发生,此时我们称为事前非对称,反之则是事后非对称。建立在前者基础上的模型称为逆向选择模型,建立在后者基础上的模型称为道德风险模型。如果从非对称信息的内容角度入手,我们将研究某些参与人行为(Action)所显示的非对称信息的行为称为隐藏行为模型(Hidden Action),研究某些参与人隐藏的知识所显示的非对称信息的行为称为隐藏知识模型。

委托代理理论分析问题的角度不同于传统微观经济学,它着重分析了企业内部、企业之间的委托代理关系,使得其在解释一些组织现象时优于一般的微观经济学。理论认为,生产力大发展和规模化大生产的出现促成了委托代理关系的产生。首先,随着生产力发展,权利的所有者可能会出现知识匮乏、能力欠缺和精力不足等情况,因此,所有的权力将不会集中于一人而是分散给多人,分工将得到细化;其次,专业化分工可以不断丰富代理人的专业知识,使其精益求精,确保代理的精力、能力,使得这些委托权利能被更好地行使在企业运营之中。在委托代理

---

① Harsanyi J C. Rational Behavior Bargaining Equilibrium in Games and Social Situations[M]. Cambridge: The Cambridge University Press, 1977.

的关系当中,委托人希望扩大财富,提高自己的薪酬收入、增加闲暇时间和奢侈消费等是代理人希望达到的目标,但是在两者效用函数不同的情况下必然会造成利益上的冲突,只有制度安排有效的时候才能尽可能避免两者在利益上的伤害。

委托代理关系是委托代理理论的一个主要研究方向。根据一种隐含的或者明示的一个或多个行为主体指定契约、雇佣另一些行为主体为其服务,并且授予后者会得到一定程度的决策权,同时根据后者提供的服务数量和质量支付后者相应的报酬即为委托代理理论的主要内容。委托人又称授权者,代理人也就是被授权者。

从 20 世纪 60 年代末 70 年代初开始,通过深入研究企业内部信息不对称和激励问题,一些经济学家进一步发展了委托代理理论。在过去的 30 年中,该理论也成为契约理论最重要的发展之一。委托人如何在信息不对称以及利益冲突的情况下,设计最优契约激励代理人已经成为委托代理理论的中心任务。

如今,"委托代理理论"已然成为现代公司治理的逻辑起点,社会上各种问题的解决也越来越依靠该理论。

二、委托代理理论模型

委托代理理论的模型方法在最近 20 多年发展较快,大致分为三种模式:第一种是威尔逊等研究者最初利用的状态空间模型化方法,用此方法可以使得每种技术关系表现流畅。但是使用此方法无法得到经济上有信息的解,这也是该方法的主要缺陷。第二种是分布函数的参数化方法,该方法也是现行使用的标准方法,它由莫里斯最先使用,并经过霍姆斯特姆进一步发展。第三种是一般分布方法,该方法较为抽象,尽管使用此方法我们可以将模型简化并得出一般模型,但是该方法对代理人的行动成本定义模糊。

在信息掌握相同的情况下,委托人可以根据自己所看到的代理人行为对其实行奖惩。此时,无论是帕累托最优风险分担还是帕累托最优努力水平都可以实现。反之,委托人只能观测到相关变量,代理人的行为和一些外部随机因素共同决定这些相关变量。因此,代理人选择委托人希望的行动是不受委托人"强制合同"(Forcing Contract)限制的,但激励兼容约束依然起作用。在两者对信息掌握不相同的情况下,最优分担原则符合莫里斯—霍姆斯特姆条件。信息在非对称与对称情况下的最优合同是不同的。似然率(Likelihood Ratio)变化,代理人工资水平也会变化。所谓似然率是指当代理人选择偷懒时特定可观测变量发生的概率与给定代理人选择勤奋工作时此观测变量发生的概率这两者的比率。它可以体现在多大程度上,某一确定观测变量是因为偷懒造成的。当似然率较高的时候,表明产出有较大的可能性来自偷懒的行为,相反地,似然率较低则意味着产出更有可能来自努力的行动。

统计学中著名的概念单调似然率(Monotone Likelihood Ratio Property,

MLRP），由米尔格罗姆于 1981 年引入经济学。由于分配原则对似然率是单调函数，因此此原则的使用前提是似然率是产出的单调函数。之后，莫里斯和霍姆斯特姆又引入"一阶条件方法"（the First-order Approach）。该方法指出，当代理人行为是一个一维连续变量且信息非对称时，得出的结论与非连续变量情况的结果是相似的。但是为了解决一阶条件方法不能保证存在唯一最优解的问题，格鲁斯曼、哈特和罗杰森证明出了一阶条件有效的前提，即分布函数必须符合 MLRP 和凸性条件（Convexity of Distribution Function Condition，CDFC）。动态模型之所以把基本的模型扩展到动态的模型，主要有以下两个原因：

第一，在静态模型中，为了能激励代理人选择委托人所希望的行动，委托人必须根据可观测的结果来奖惩代理人。这样的激励机制，我们称为"显性激励机制"（Explicit Incentive Mechanism）。但是该机制存在明显的缺陷：多次的委托代理关系在没有显性激励机制的情况下，是否可以用"时间"本身解决代理问题，并且没有任何成本。第二，是否可以通过引入基本模型，使得动态分析可以得出更多关于委托代理的结论。委托代理理论包括 13 个模型，分别为：代理模型、声誉模型、效应模型、退休模型、任务模型、多个模型、预算模型、选择模型、合作模型、评估模型、风险模型、监督模型和安排模型。

1. 代理模型。当委托人和代理人保持长期关系，此时利用重复博弈模型，且贴现因子足够大（双方有足够的信心），就会实现帕累托一阶最优风险激励和分担。也可以这样理解：① 在长期的关系中，外生的不确定性可以通过大数定理进行剔除，并且委托人可以从观测到的变量中，相对准确地判断代理人的努力程度，此时偷懒的代理人是无法提高自己的福利的。② 代理人的风险可以由委托人提供的"个人保险"（Self-insurance）免除。即使合同从法律上来说不具有可执行性，但是合同双方都会各尽义务，因为双方都会考虑到自己的声誉。伦德纳等学者的研究都试图说明激励问题可以通过长期的关系得到更有效的处理，并且最优长期合同与一系列的短期合同存在着明显的不同。然而，弗得伯格等指出，在利率条件相同的情况下，如果代理人与委托人都进入资本市场，此时一系列短期合同可以取代长期合同。但是，根据委托代理人长期的关系进行的研究，人们尝试从其他不同的角度来对它的优势进行分析。

2. 声誉模型。长期委托代理关系有着独特的优势，尤其是当代理人的行为很难被证实，甚至没有办法证实的情况下，抑或无法有效实施显性激励机制的时候，此时可以利用"声誉模型"（Reputation Effects）。代理模型对于此种情况都进行了解释。但是法玛（1980）则认为，激励问题在一系列文献中被明显夸大了。由于代理人受到代理人市场的约束，事实上问题可以通过"时间"得到解决。他着重强调代理人市场的约束作用，这点与前两位研究者的解释存在着明显的不同。依据经理人市场价值的自动机制，他创新性地提出"事后清付"的概念。在这一概念中，他指出在竞争的市场环境中，经理过去的经营业绩直接决定了他们的市场价值。因此长期来看,经理必须对自己的行为负责。即使没有明显的激励合同,为了提高自己的声誉,并提高自己未来的报酬收入,经理也会积极努力地工作。霍姆斯特姆将法玛的想法模型化。他在经理人属于风险中性,不存在未来收益贴现等一些特殊情况下建立起了该模型,证明了声誉效应可以在一定程度上解决代理人问题。该模型还指出,隐性和显性激励机制可以拥有同样的效果。

3. 效应模型。棘轮效应最开始来自对苏联式计划经济制度的研究(魏茨曼,1980)。"聪明"的人会采用隐瞒生产能力的方法来应对计划当局下达的生产任务,但是在今天无论是我国还是西方国家,都存在着"鞭打快牛"的现象。因为代理人过去的业绩存在着有用的信息,委托人会以该代理人过去的业绩为标准。在他们的模型中,股东和经理的风险分担是不一致的。一方面,经理把投资结果看做是其能力大小的体现;另一方面,股东把最终经营成果看做是其资产的回报。在高收益的情况下,股东下期就会提高对经理的要求,这是因为股东认为此时资本的生产率高。但是当经理意识到取得良好的经营结果反而提高了股东对自己的标准时,经理就会降低努力的积极性。同样是长期的过程,棘轮效应对激励机制却产生了相反的弱化效果。

4. 退休模型。该模型认为在长期的雇佣关系中,偷懒行为可以通过"工龄工资"得到制止。早期的工资低于雇员的边际生产率,二者之差等于一种"保证金"。虽然莱瑟尔的模型有待改进,但是该模型为人们如何将动态分析引入基本的委托—代理模型提供了有益借鉴,且得出更多的结论。

5. 任务模型。在代理人同时从事多项工作的情况下,简单的委托代理模型并不适用于现实情况,任何的激励要由该工作本身和其他工作的可观测性决定。因此,代理人对于不同工作的精力分配是存在冲突的。同时,委托人对不同工作的监督能力也不同,有时候固定工资合同或许会比根据可观测的变量而制定出的激励合同更有优势。比如监督生产线上的产品数量很容易,监督产品质量则相对有难度。研究表明,当委托人预期代理人将在某项工作上花费一些精力,但是该项工作又是不可观测的,此时激励工资也不应用于任何其他工作。

6. 多个模型。阿尔钦等学者对单个代理人的情况进行的相关研究认为,"团队"是指一群自己掌控努力程度,却创造相同产出的代理人,个人努力水平决定了对结果的边际贡献,这是无法独立观测的,由此创立多个代理人的模型,简称多个模型。其观点对古典资本主义企业的由来进行了解释:在团队工作中,个人会产生偷懒行为(Shirking),从而产生监督者,并且监督者索取余下的产品(Residual Claimant)会使监督者的积极性提高。

7. 预算模型。霍姆斯特姆的研究表明,在团队工作中,偷懒行为可以通过适当的激励机制得到制止。委托人通过打破预算平衡(Breaking Budget)来发挥激励机制的作用,但是并不成为监督团的一员。预算平衡约束的情况下,我们无法达到帕累托最优,原因就在于"搭便车"问题。因此,研究者认为必须通过引入索取剩余的委托人来打破预算平衡。该模型指出,如果放弃预算平衡,帕累托最优状态是可以通过纳什均衡来获得的。如果要消除代理人"搭便车"的行为,可以通过打破预算平衡造成"团体激励"(Group Incentive)或者"团体惩罚"(Group Penalties)。由于每个人都不愿受惩罚且又希望得到奖励,因此帕累托最优努力水平无疑是每个人的不二选择。这对古典资本主义的雇佣制代替合伙制进行了解释。但通过纳什均衡达到帕累托最优是存在前提条件的,即代理人的初始财富需要足够大。研究者指出,被委托人的监督只有在代理人是风险规避、代理人和委托人均面临初始财富约束以及团队规模比较大的时候才是非常重要的。

8. 选择模型。"搭便车"的问题不一定仅仅产生于个人贡献的不可观测性,同时消除偷懒的必要手段也不一定是进行监督。重点在于,监督的主要作用是约束委托人自己而并非是代理人。在事前,代理人会缴纳一定数额的保证金给委托人,并且委托人在总产出的基础上建立最优合同。但是会存在委托人为了获取保证金,故意破坏生产,使得产量下降到一个比较低的水平。该现象的解决办法就是:采用委托人监督代理人的方法来替代收取保证金的做法。此时,委托人是不会蓄意破坏生产的,因为代理人受到监督的时候,代理人的产出越高会使得委托人的剩余增加。

9. 合作模型。模型表明,委托人激励专业化的机制在于自己的工作业绩决定自己的工资水平,而激励高层团队工作的机制是团队产出决定员工个人工资。决定团队工作是否为最优的两个主要因素是他们的工作态度是否认真和代理人之间是否在战略上相互依存(互补还是替代)。

10. 评估模型。"相对业绩评估"是指此时代理人的报酬不仅受到自身产出的影响,相对业绩评估普遍存在,在市场上应用广泛。相对业绩评估包括多种评估方式,"锦标制度"(Rank-order Touraments)是其中的一个很重要的方法。说具体点,代理人自身的所得不取决于他个人行为表现而是由他在所有代理人中的排名情况决定。这一方法最早由拉泽尔(Lazear)和罗森(Rosen)于 1981 年提出,格林(Green)和斯托基(Stokey)也对此进行了进一步的研究。他们发现在基本的委托代理模型中,采用锦标制度作为工资的基础虽然并不是最优方法,但是却存在两个优势:第一,该方法易操作;第二,卡迈克尔等学者提出锦标制度可以解决委托人的道德风险问题。

11. 风险模型。事实上,在委托人一方同样也存在着道德风险。信息非对称存在于诸多委托代理关系中,它的度量方法带有很大的主观随意性。当代理人可能无法观测到委托人所观测到的信息时,委托人的道德风险问题就会存在:根据合同,在产出高的情况下,代理人应当收取委托人的高额报酬,但是此时委托人可以通过撒谎,以产出不高的理由来推脱职责,并私自占有代理人应得工资。而若其可以预测到这种情况的发生,代理人就会降低工作的积极性。当多个工人被企业雇佣的时候,按照合同规定,只有一部分人会取得较高工资,此时,委托人必须根据合同进行支付,委托人将会避免违反合同规定,原因在于,以此既可以激励工人努力工作,又可以控制成本。

12. 监督模型。监督问题是委托代理关系中不可避免的一点。当信息存在不对称时,委托人想要了解代理人的信息多少完全取决于他自己的意愿。举个例子,委托人如果想在一定程度上更多地了解代理人的信息,他可以雇佣监工监督代理人,又可以亲历而为,以此方式加强激励和监督代理人。但是,由于需要花费成本才能得到信息,因此哪一种监督力度最好是委托人需要解决的问题。古典经济学家的观点是工人工资取决于边际生产率,但依据发展经济学家对发展中国家的研究,情况恰恰相反,即在发展中国家,工资是工人边际生产率的决定因素。当然,有时候发达国家也存在这种情况。

索罗等人认为,企业为激励工人干活所以提供较高的工资,以此防止偷懒现象。而企业无法每时每刻监督工人的工作情况时,工资构成的机会成本会使工人偷懒之后被发现并解雇。机会成本随着工资的提高而变大,因此得出结论,工资越高,工人偷懒的可能性越小。另一方面,若采用激励工资模型来分析监督力度问题,依靠监督带来的边际收益与代理人的边际生产率成正比,同时也会提高委托人监督的积极性;如果给定激励,代理人努力的边际成本与努力供给成反比,成本越高努力供给越低,激励、监督的边际收益、委托人监督的积极性也都会降低;监督难度的提升会增加监督的边际成本,同时降低委托人的监督积极性。

13. 安排模型。给定委托人、代理人是标准委托代理模型的特点。但张维迎针对此指出了几个问题:特定组织中我们应该如何评定委托人是谁,代理人又是谁?也就是说,不同的成员与成员之间应当如何分配委托权?这些问题被认为是委托代理关系中更基本的问题。信息不对称现象在现实的组织之中总是表现出相互性。企业中既有负责生产的生产者,也有负责决策的经营者。一般情况下,经营者是很难做到完全观测生产者的,生产工人更不太可能观测到经营决策者的行为。张维迎验证了将监督上的相对有效性与企业员工在生产中的相对重要性相结合安排才能决定最优委托权。假如在生产上经营者表现得更重要,那么就应该选择经营者监督生产者,这样更为容易达到,此时的最优委托权安排就应是分配给经营者相应的委托权。在安排模型中,古典资本主义企业以及合伙制企业的委托权安排得到了合理解释。例如在古典资本主义企业中,环境的不确定性凸显了经营者决策的重要性,同时,经营者的行为很难得到监督,经营者便拥有了委托权;而合伙企业里最优委托权安排就应采用合伙制,因为所有成员的重要性都相等。

第四节　社会资本理论

这些年来,在企业战略研究这个领域中,社会资本理论显得越发重要,因为它拥有高管特征的资源特性,为企业发展带来了不可替代的优势;同时,它作为一个环境因素,能制约高管的其他特性。

一、企业社会资本的概念

"社会资本"这个概念是由法国社会学家布尔迪厄于 1980 年首次正式提出的,布尔迪厄把它界定为"显性或隐性的资源集合,这个资源集合的社会关系是有关联的,这些社会关系在社会的正式组织和非正式组织中都存在"。美国社会学家科尔曼对社会资本进行了深入系统的阐述,他在论文《人力资本创造中的社会资本》和专著《社会理论的基础》中提出了社会资本拥有两个基本性质:不可转让性和公共物品性质;同时,科尔曼更系统深入地对社会资本理论做出了阐述。而美国政治学家帕特南不仅对社会资本进行了更深入的研究,更将社会资本带入到主流学术且使其成为焦点。他认为"社会资本指的是社会组织的特征,例如信任、规范和网络,它们能够通过推动协调和行动来提高社会效率。社会资本提高了投资于物质资本和人力资本的收益"。现如今,大多数的学者认可单纯用经济资本(包括物质资本和人力资本)所不能解释的诸多问题可以用社会学家提出的"社会资本"来解释。

自从社会资本理论以主流学术领域的身份存在后,社会资本理论广泛应用于社会学、政治学、经济学及管理学等领域。社会学研究的是人与人之间的互动以及因为互动形成的各种社会关系。社会资本在社会学中被看作是一种嵌入社会网络的资源,人的行为和社会规则的运行都会被它所影响,在这个过程中,它以社会组织为媒介而存在。政治学家研究的是社会资本与公民社会、政治行为和制度企业成长这些要素之间的关系,社会资本在社会政治发展中发挥着重要作用,而它发挥作用的渠道是通过集体行为或以组织行为为媒介来进行的。社会资本在经济学中也有应用。研究社会资本与经济发展的关系即为社会资本在经济学领域的应用。我们在观察经济发展时,可以从不同的角度观察,比如说社会资本的信任、规范和网络等角度,在促成合作和交易、保证交易制度良好运转、降低交易成本和契约的实施成本、提高资本运行效率这些方面,社会资本都能发挥积极作用,这对企业经济的成长是有好处的。我们可以从宏观和微观两个应用层面来看社会资本在经济学领域中的应用。从宏观层面来看,为了解释和说明区域、国家经济增长和经济发展的成就,我们把社会资本视为物质资本、人力资本之外的资本要素。从微观层面来看,将社会资本概念引入企业理论,修正了新制度经济学的企业理论。

随着社会资本的研究越来越深入,从企业家的角度出发,许多学者研究了企业家的社会资本与企业成长之间的关系。纳比特(Nahapiet)和戈沙尔(Ghoshal)提出,那些蕴含于、借助于或源自于企业家个人关系网络而获取的现实和潜在的资源总和就是企业家的社会资本。通过社会关系获取企业所需的关键资源,这些关键资源通过内部学习和整合机制变为动态能力,从而使企业保持竞争优势、提升企业成长,也同样是企业家的社会资本。通过对企业家进行调查,边燕杰和丘海雄设计了三个衡量企业纵向联系、横向联系和社会联系的指标,在进行实证分析后得出了一个结论:社会资本与企业盈利性成长存在正相关。

另一个对企业家社会资本与企业成长关系研究的视角就是从企业高层管理团队的社会资本特征出发,分析其对企业成长的作用。自从汉布里克(Hambrick)和梅森(Mason)提出"高层梯队理论"这一具有里程碑意义的理论后,高层管理团队理论研究的关注焦点就是高管团队特征对企业成长的作用机制。贺远琼等在问卷调查和深度访谈的基础上,分析了企业高管社会资本与企业成长之间的关系。分析指出,市场环境和非市场环境中的社会资本构成了企业高管的社会资本,通过提高企业对外部环境的适应能力,高管社会资本有利于企业经济成长。还有一个存在一定问题的全新的研究视角,那就是从企业家社会资本的角度研究对企业成长而言社会资本因素的作用,问题是无法明晰地分辨"企业家社会资本"与"企业社会资本"概念之间的区别和联系,也就是说,"企业家社会资本"是指企业家所拥有的社会资本还是"企业社会资本"在企业家层面的表现形式。在这些问题上,学者们还是处于无法达成一致意见的状态,因此,有必要进一步地阐释和研究。

范烨、周生春(2008)认为对新制度经济学企业理论而言,将社会资本概念引入企业组织的研究是一种突破和创新。在新制度经济学中,把企业视为与市场相互替代的一种组织形式,采用企业组织生产的主要目的是减少交易费用。然而,因为契约的不完备性、信息的不对称性与交易的复杂性,'逆向选择'和'道德风险'的问题会存在于企业组织交易的过程中,所以如果只是简单考虑企业和市场之间的替代关系,则难以处理出现于复杂性交易中的市场和企业共同失灵的问题。但是社会资本范式的出现恰好弥合了企业和市场之间的理论真空,企业社会资本对企业而言,不单是一种重要的隐性战略资源,还是一种具有效率的治理机制,它在提升企业成长方面具有重要作用。当前经济学和管理学的前沿问题之一便是关于企业社会资本理论的研究,虽然相关研究已经取得一定成果,但是这一理论仍然处在发展和完善的阶段。

笔者认为,企业社会资本理论的研究在以下三个方面还有待完善:第一,基本理论层面。在这一层面上,还需进一步深化与企业社会资本有关的概念界定、分析维度和测量指标等问题的研究。当前,这些问题还没有达成统一的认识,因此,需要对此进行更为深入的研究,不断整合和提炼这些基本理论问题。第二,研究对象层面。在这一层面上,则需要进行不同类型企业的细分研究。那些性质、规模和行业不同的企业,尤其是广泛存在的家族企业,它们各自所拥有的社会资本和企业成长均存在差异,这是值得深入研究和探讨的问题。第三,研究方法层面。加强对企业社会资本的计量分析和案例研究,并且通过检验实证数据和剖析典型企业来更好地揭示社会资本影响企业成长的作用机制。通常认为股权结构是公司治理的关键，它在激励制度、战略规划以及经营模式等方面对企业均造成重大影响。然而，企业的经营目的也会对企业的战略、运作等行为产生影响，这是因为企业的经营目的是由企业所有者的性质直接决定，而所有者又是由股权结构决定的，从而经营目的无疑会对企业的战略、运作等行为产生影响。

一个企业的股权结构通常包含两个要素，绝大多数的研究也是通过这两个要素进行的。一是股东持股比例，二是股东类型。在对各股东持股比例的研究中，第一大股东的持股比例通常会作为研究的对象。学者们通常会将大股东的持股比例分为股权集中型和股权分散型。从资本分析的角度来看，风险成本和治理成本才是学者们所关心的重点。如果按照上述的分类方法，那么在股权相对分散的企业中，也会有效地分散了风险。与此同时，股东对企业的所有权与经营权也被分散了，这将增加治理成本。相反，如果企业的股权处于较为集中的状态，大股东在承担较大风险的同时，也能享受到企业经营带来的大部分利益，并且能牢牢地将企业的控制权掌控在手里，这样就能避免大量的治理成本。如果将二者进行比较，股权分散和股权集中这两种形式哪种更好呢？从我国上市公司的目前状况来看，大多数企业都存在稀释国有股比例的现象，这反映出一个从股权集中走向股权分散的过程。有效发挥公司治理作用的前提是适度的股权比例，股权集中度太高或太低都会带来过高的企业治理成本。西方国家的证券市场是逐渐发展形成的，我国的证券市场与西方国家不同，为了建立现代的企业制度，它是在政府部门的扶持和指导下主动改造而来的。

20 世纪 90 年代，根据"产权清晰、责权明确、政企分开、科学管理"的企业制度原则，我国国有企业进行了改革，如今大多数上市公司都脱胎于国有企业。再者，由于主体发展不成熟、市场规则不健全的股票市场，国有股份在我国上市公司中占据特殊的地位。总体来说，我国上市公司的股权结构具有以下特点：（1）根据不同的规则，股票分类标准多，同一公司的股票不能同股同权。按照股权性质的差异，股票可以分为国有股、法人股和个人股，其中国有股和法人股不能上市流通，其协议转让的价格低于二级市场价格；按照能否在二级市场流通，则可以分为流通股和非流通股；按照股票发行市场的不同，又能将股票分为 A 股、B 股、H 股等。可流通的 A 股、B 股、H 股等处于不同市场，正是因为股票不同的分类标准从而造成了同一公司的股票不能同股同权。（2）我国上市公司的非流通股占据的比重很大，这其中不能流通的国有股和法人股便占据了极大的一部分。事实上，非流通股和流通股这种划分方式的产生就是源于国有股在上市公司中占据的比例过大，而如何处理非流通股场外转让这一问题成为我国证券市场的重要工作之一。（3）如上所述，国有股处于绝对控股地位已成为我国上市公司最大的特点，这极大地限制了股票市场的作用，同时也影响到上市公司的盈利性成长。虽然公司经营的规划股东极少参与，但企业的所有人始终是这些股东，他们对管理人员的选拔和任用都有着相当大的权力。

此外，学者们还提出股东的行为模式会对管理者的行为模式造成相当大的影响。第一，依据相似吸引理论，股东一般都会趋向于聘用与自己同样拥有某种行为特质的管理者；第二，为了在大股东面前有较好的表现，管理者也会刻意做出股东比较偏好的行为。例如，某公司大股东性子急躁，那么在面临战略选择的决策时，管理者就更有可能选择较为激进的战略。因此，笔者认为，探讨在我国上市公司中国有股所占比例多少对高层管理者行为的影响，并且以企业成长的形式将这种影响表现出来是很有必要的。在具有较高国有股比例的企业中，其公司的治理模式具有两个重要特征：一是治理模式由政府主导（作为股份制企业，一般应该由市场主导）。它们的经营治理行为多数是在政府的规划下进行的，即使与市场环境有一定联系，关系也不十分显著。政府将会依据现行政策规划和安排企业管理者的任免、企业的战略方针、经营策略、并购剥离等事项。而这些行为对普通上市公司而言，一般会与该行业的市场环境紧密挂钩。二是特殊的二元制结构，即公司治理中建立了股东会、董事会、监事会和经理人的法人治理结构。但三会间的制约并不显著。

除此之外，张平（2006）认为，如果股东高度同一化就会很难有效地进行内部监督与内部控制，反而更易滋生腐败。换言之就是，该类大部分上市公司的董事会、监事会等成员的社会资本实现相互监督、相互制约的机制可能性很低。现已证明，当行政目标与市场目标发生冲突时，管理者通常以保证行政目标为首要目的，而使所有者利益发生损失，并且在很大程度上，企业所有者自身的利益与行政企业成长挂钩，而不是与企业成长挂钩，这种富有浓郁的国有化行政色彩的股权结构不能适应当今市场的需求。曾有国内学者以国有企业为研究对象进行过有关调查，其研究结果，显示出国有股份比例越高的企业，它的附属企业雇佣规模越大，但企业的创新活动却越少，而前文曾提到过，如果一个企业的组织创新较少，那么它的企业成长的提升空间就越小。

社会资本理论更深入地指出，高管是作为一个个体生活在一个广泛联系的社会中的，高管与社会上各个领域之间存在着种种联系，他通过各种各样的社会关系来实现经济活动。在进行这些深入理解后，有关学者提出了一个概念——社会资本。有的学者从企业的角度对社会资本进行研究，他们认为社会资本是作为企业整体的行为而存在的，在涉及企业整体利益时就能很好地体现出来。也存在一些从高管角度进行研究的研究者，他们认为社会资本是作为高管所具备的一种特殊资源或能力而存在的。

企业是作为与经济领域的各个方面发生种种联系的企业网络上的纽结而存在的，它并不是孤立的行动个体，企业的经济活动需要依靠嵌入各种各样的社会关系。因此，相关领域的学者提出了一个概念——企业社会资本。第一个将企业作为社会资本主体的学者是伯特（Burt）。他认为社会资本意为"朋友、同事和更普遍的联系,通过他们可以得到使用(其他形式)资本的机会……企业内部和企业间的关系是社会资本";他还认为企业内部和企业间存在的各种关系就是企业社会资本。但是伦德斯(Leenders)和加贝(Gabbay)等才是真正提出企业社会资本这个概念,并且系统分析了企业社会资本的人。他们将研究主题设定为企业,在对社会结构与企业目标实现之间的内在关系进行分析后,他们认为社会资本是一种资产,它在关系网络内部根深蒂固,是一种通过关系网络这个渠道能去利用的资产类型,企业社会资本是企业拥有的、可以通过促进目标达成的社会关系来增加的有形或虚拟的资源。

具有代表意义的研究还有纳比特(Nahapiet)和戈沙尔(Ghoshal)对企业社会资本的研究。他们定义企业层面的社会资本是"嵌入在企业内外部关系网络中,并可加以利用的实际或潜在的资源总和"。他们的定义指出,网络和可通过网络获取的资源组成了企业社会资本。边燕杰和丘海雄是国内最早对企业社会资本进行研究的学者,《企业的社会资本及其功效》这篇论文写道:企业在经济领域的联系可以分为纵向联系、横向联系和社会联系。企业社会资本是一种能力,这种能力可以使企业通过纵向联系、横向联系和社会联系摄取稀缺资源。之后,国内很多学者也开始从社会资本的视角来研究企业组织。张方华认为,企业在信任和规范的基础上获取外部资源的能力就是企业社会资本。周小虎认为,企业社会资本是企业能控制的并且对企业实现其目标有利,显在和潜在地嵌入企业网络结构中资源的集合,社会资本是企业的一种战略资源的存在。现有研究对于企业社会资本这个问题尚无统一的认识,但归结起来还是可以分成两类,基于资源的观点和基于能力的观点(吴龙吟,2013)。基于资源的观点,是将社会资本视为企业的一种特殊资源,这种特殊资源与企业的物质资本和人力资本一样都具有"资本"的属性——为企业带来收益。基于能力的观点,着重强调在企业获取各种资源中社会资本的功能属性,它是一种能力,这种能力使企业能在网络关系中获取资源。

二、企业社会资本的分析维度

纳比特(Nahapiet)和戈沙尔(Ghoshal)为了更深入地研究社会资本,将其从不同的角度进行了划分。他们从企业社会资本特征的角度,将企业社会资本分为结构维度、关系维度和认知维度三个维度。结构维度包括网络联系、网络配置形式和专门组织,表达了个体之间连接的模式。从这个维度来划分的主要目的是要关心的网络联系存在与否、联系强弱和网络结构。关系维度(范烨、周生春,2008)是指通过创造关系或者由关系手段获得的资产,其中包括信任与可信度、规范与惩罚、义务与期望以及可辨识的身份。认知维度(范烨、周生春,2008)是指提供不同主体间共同理解的表达、解释与意义系统的那些资源。他们对企业社会资本的划分在学术界产生了极其重要的影响,成为许多学者进行研究的理论框架。

另外,也有其他学者从不同的角度界定了企业社会资本的分析维度。在对社会资本与中小企业成长关系的研究中,库克(Cooke)和克利夫顿(Clifton)将企业社会资本按照网络及联合中的非正式和正式联系进行划分。而韦斯特隆德(Westlund)将企业社会资本分为内、外两个部分,企业内部社会资本是指企业内管理者与员工个人的关系,企业外部社会资本是指与企业生产、环境和市场相关的社会资本。边燕杰和丘海雄将企业在经济领域的联系划分为纵向联系、横向联系和社会联系,并且以企业法人代表的纵向、横向和社会联系的情况来衡量企业社会资本。张其仔在研究企业社会资本对国有企业盈利性成长的影响这一问题时,将企业社会资本划分为以下三种类型:存在于工人之间的社会资本、存在于工人与管理者之间的社会资本和存在于管理者之间的社会资本。只看重企业内部的社会资本是这种划分的缺陷,这种划分忽视了企业外部存在的各种联系和资源。企业社会资本的测量和定量化在对企业社会资本的研究中是非常重要的。关于企业社会资本定量化的研究,现在主要集中在企业组织层面和企业家个体层面两个维度。

第一是从企业组织层面来测量企业社会资本。Fukuyama(2000)[①]提出,可以用公司在接管前后的"管理溢价"(Management Premium)来衡量企业社会资本。他认为任何企业的资本总额都等于有形资产和无形资产之和,社会资本包含在无形资产中,管理溢价可以代表企业社会资本。兰德里(Landry)在区分企业社会资本两种形式的基础之上,提出可以从企业结构性社会资本(网络)和认知性社会资本(信任)两个层面进行测量。王霄和胡军在兰德里测量体系的基础之上,提出可以采用结构性社会资本和非结构性社会资本对中小企业的社会资本进行测量。与兰德里提出的测量方法所不同的是,非结构性社会资本采用多指标测量信任和价值观。韦影在纳比特(Nahapiet)和戈沙尔(Ghoshal)提出的对企业社会资本进行划分的基础上,通过调查问卷并运用李克特(Likert)七级打分法,同时兼顾内外部视角,对企业社会资本进行了测量,由此得到了企业社会资本的矩阵式测量结构。

第二是从企业家个体层面来测量企业社会资本。由于企业组织层面的社会资本具有抽象性这一特征,部分学者因此提出从企业家的行为角度来测量企业社会资本。边燕杰和丘海雄以将企业社会资本界定为企业的纵向联系、横向联系和社会联系为基础,使用三个指标来测量这三种联系,用这种方法来反映企业的社会资本,就是通过"企业法人代表是否在上级领导机关任过职"来反映企业的纵向联系;通过"企业法人代表是否在跨行业的其他任何企业工作过及出任过管理、经营等领导职务"来反映企业的横向联系;通过"企业法人代表的社会交往和联系是否广泛"这样一个定序的主管评价指标来反映企业的社会联系。

除此以外,希皮洛夫(Shipilov)和达尼斯(Danis)提出,可以通过企业高层管理

---

① Fukuyama F. Social Capital and Civil Society: Working Paper[Z]. International Monetary Fund (IMF), 2000.

团队来测量企业社会资本,通过采用"对外沟通社会资本"和"对内团结社会资本"来测量企业社会资本,并以考察团队特征的视角研究了企业社会资本的存量。以企业高层管理团队角度来研究企业社会资本,是当前研究的重要趋势之一。企业社会资本对提高经济企业成长具有积极作用,关于这一点已经得到诸多学者的一致认可。关于其影响机制有以下四个方面:① 减少信息搜集的成本;② 减少市场交易的成本;③ 产生溢出效应,具有正外部性;④ 节约正式制度的实施成本。企业社会资本作为一种重要资源,在提高企业成长这方面同样具有显著作用,已有诸多学者从多个角度对该问题进行了实证研究(范烨,周生春,2008)。

三、社会资本与代理理论

治理问题是企业社会资本与公司治理现代企业理论的核心之一,传统公司治理理论要解决的中心问题是所有权与经营权分离情况下的代理问题,即如何降低代理成本,使所有者与经营者的利益趋于一致。在解决代理问题上,新制度经济学认为通过设计和选择正式制度可以减少机会主义的威胁。然而一些学者认为,契约得以执行并不只源于法律等正式制度,倘若不借助国家权威,非正式的契约同样可以支持交易的进行。事实上,范烨、周生春(2008)认为在法律不健全的发展中国家,通过非正式的契约支持交易进行更为普遍。因此,采用非正式制度的方法来减少机会主义行为的发生即解决治理问题的另一个思路,就是通过社会资本来解决市场和组织中的机会主义问题。

在行动者相互间建立可重复的持续性的交换关系即社会资本治理机制,同时还要依靠企业的社会资本,而不是组织的权威来促进行动者之间的合作,并解决交换过程的冲突。以此为基础,有学者将企业社会资本这一概念引入公司治理研究中,以此试图对传统的公司治理理论进行补充。周小虎认为,企业社会资本不仅仅是企业重要的战略资源,还是企业组织的有效治理机制,相较于市场企业更能有效地创造社会资本,同时可以降低交易费用。也有一些学者认为,公司治理应当关注人力资本所有者与社会资本所有者等利益相关者的角色和诉求,提出应由股东单边治理调整为利益相关者协同治理,同时主张将社会资本嵌入到公司治理结构中,把企业社会资本作为一个内生变量纳入公司治理分析范畴。将企业社会资本作为一种治理机制的观点,不仅丰富了公司治理的相关研究,同时为研究企业治理结构拓宽了思路(范烨,2009)。

四、社会资本的资源特性

1. 企业社会资本对企业融资行为产生的影响。科尔曼(Coleman)从金融角度出发,研究分析了社会资本对融资与经济的影响。他认为社会资本强化了诚信的普遍程度,并且促进了人们在资本市场上的合作。因帕维多(Impavido)①提出的信贷组织理论则进一步指出,"社会惩罚机制"在融资过程中实际上起到了抵押品的作用。吉索等(Guiso et al,2004)还研究了意大利南北地区社会资本的差异问题及该问题对民间金融发展的影响。研究发现,在北部这一社会资本水平较高的地区,人们更倾向于投资股票和使用支票,以现金方式进行投资和交易的行为非常少,这会影响金融发展的程度,对资本市场的发展的影响尤为明显。

也有学者研究发现,以社会资本(例如网络关系、信任等)为基础的民间金融行为是普遍存在的,民间金融行为对企业融资行为有着重要的影响。伍尔科克(Woolcock)对小额信贷和中小企业的社会资本问题进行研究后,发现社会资本对于中小企业获取资源尤为重要,特别是对资源有限的不发达地区而言,社会资本起着促进市场交易完成的作用。查克拉瓦蒂等(Chakravarty et al,1999)②还对社会关系网络对企业融资行为的影响进行了研究,进而提出了"关系融资"这一理论。与大机构相比,中小金融机构在竞争性信贷市场上处于劣势地位,因此,通过维持与中小企业的社会关系获取一些软性信息这一渠道,可以减轻信息不对称的程度。事实上,实证研究结果也表明,存在于借款者与银行间的"关系变量"的确显著地影响着信贷的可得性。企业组织方面,伯杰(Berger)和德尔(Udell)对此提出了佐证,他们认为信贷机构本身的组织结构决定了关系融资的有效性:大银行具有复杂的组织结构,委托代理层级多且成本高,因此,在较为扁平的中小信贷机构中,关系融资更为有效。

由于经济体制、企业规模和行业特征等原因,在发展过程中,民营企业存在诸多困难,融资困境就是重要的表现之一。在这个问题上,中小企业融资难的问题较为显著。中小企业发展过程中,存在一种广泛的现象,即利用企业所拥有的社会资本从而获取企业所需的资金和其他资源(范烨,2009)。由此可以看出,从社会资本角度出发,研究社会资本对企业融资行为的影响,从而进一步探究社会资本与企业成长的关系,这个课题值得学者进行深入研究。

2. 企业社会资本对技术创新的影响。近年来,随着企业技术创新重要性的提高以及对企业社会资本研究的不断深入,相关领域的学者开始关注企业社会资本对技术创新的影响。研究发现,企业拥有的社会资本有利于降低企业技术创新的风险和成本,能促进企业开展技术创新活动。在企业社会资本影响技术创新的机制这一问题上,大部分学者认可企业内部和外部网络对技术创新所发挥的作用。库克(Cooke)和威尔斯(Wills)提出,社会资本为企业与外部创新网络的联结创造

---

① Impavido G. Credit rationing, group lending and optimal group size[J]. Annals of Public & Cooperative Economics, 2015, 69(2): 243-260.

② Chakravarty S, Scott J S. Relationships and rationing in consumer loans. [J]. Journal of Business, 1999, 72(4): 523-544.

了机会,对提升商业、知识和创新企业成长是有利的。格里夫(Greve)和撒拉弗(Salaff)也认为通过有效整合企业内、外部资源,企业社会资本提高了企业的吸收能力,企业能更好地开展技术创新。

还有学者研究提出,企业社会资本对部门间资源交换的程度作用十分显著,这影响了产品创新;通过作用于企业研发的开展,企业社会资本能够推动组织内部资源与信息的交换并促进创新。有学者在此基础上,通过对具体企业的实证研究验证了上述分析。通过对 224 个研究与开发(R&D)团队的社会网络、组织年限和生产率等有关数据的分析,里根斯(Reagans)和朱克曼(Zuckerman)提出网络联系有助于解释 R&D 团队的生产率。张方华从社会资本书的"结构维度"和"关系维度"的角度出发,深入系统研究了企业社会资本与技术创新企业成长之间的关系。分析发现,企业的社会资本能对企业的信息获取、知识获取和资金获取产生影响,且会进一步影响到技术创新企业的成长。通过运用结构方程模型,王霄和胡军对社会资本结构与中小企业技术创新的关系进行了研究,研究发现,通过影响结构化社会资本,中小企业的认知性社会资本对企业的技术创新水平产生了间接性影响。

第五节　和谐管理理论

一、和谐理论的研究现状

(1) 和谐理论的概念确定。1987 年,西安交通大学管理学院席酉民教授首先提出"和谐理论"概念:系统和谐性是描述系统是否形成了充分发挥系统成员和子系统能动性、创造性的条件及环境,以及系统成员和子系统活动的总体协调性。一般来说,系统的不和谐是绝对的,和谐是相对的。现实系统总是处在理想和谐状态与绝对不和谐状态之间的某一状态,系统管理的目的是使系统趋于理想和谐状态。对实际系统而言,任何系统状态都必然对应一定的和谐程度,简称"和谐性"。

使用"和谐"(Harmony)而不使用"协调"(Coordination)的原因是考虑到系统包括广泛的人的行为和活动。和谐源于中国古代丰富的管理思想和文化,是强调"利""义"的对立统一和"和谐"的哲学,"和"意指亲睦,反映了人们心理上的感受和生活处世的态度,具有感情色彩,包括了深邃的内心活动;"谐":配合得当,这是"协调"概念远不能反映的。"和谐"具有更广泛深刻的含义,不仅描述了系统构成、组织结构等是否配合得当、比例协调,而且描述了系统成员内心的活动、感受和态度以及成员间、成员和系统间的关系,更适宜于描述以人为主体的社会经济系统。

(2) 和谐理论的研究发展。和谐理论自 1987 年由席酉民提出后,经过 30 多年的发展,已经取得了长足进步。到目前为止,很多学者研究了和谐管理问题以及它在组织行为学中的应用。和谐管理理论是和谐主题(Hexie Theme,HT)导向下和则(He Principles,HP)与谐则(Xie Principles,XP)进行耦合(Hexie Coupling,HC)的机制,它比较关注管理的行为和功能,是基本的管理问题解决框架。

和谐理论是具有中国特色的管理理论,用以解决复杂系统。20世纪80年代开始,中国有了管理学研究,关于管理学的基本知识和原理开始普及。1987年,当席西民首次提出和谐管理理论时,他运用系统论的思路,对管理学知识进行整合性建构。他当时已经有了问题意识,这种强烈的问题意识和严肃的科学态度,对于和谐管理理论后来的发展充实有着重要的奠基作用。1989年,席西民教授等针对社会经济系统中普遍存在的各种各样负效应,提出了一种降低负效应使系统最有效发展的"和谐理论"纲要。

大致从1992年开始,工商管理硕士(MBA)教育红红火火地展开,案例教学成了管理学的主流,学者开始与企业接触,针对中国实际问题的研究开始起步。据统计,自2003年之后,大量针对"和谐管理"的研究开始出现,并且研究方面还涉及不同的国民行业(比如电力、煤炭、水利等)。从2004年开始,和谐管理研究团队选择了像海尔等有代表性的中国企业(集团)作为研究对象,应用和谐管理理论的理念进行了深入的案例研究。

2000年以后,伴随着制造业的崛起,"中国制造"走向世界,管理学发展的基本路线贯彻以管理基本知识和原理为基础,明确提出问题导向,以管理机制为着眼点,综合探讨现实中的问题机制,对问题做出逻辑性解释和推导,更深层次地追寻答案。2003年,席西民等提出"和谐管理理论框架",开辟了一个全新的对于组织管理的认识途径。2005年,席西民、肖宏文、王洪涛根据现有理论应对管理实践的局限,提出了和谐管理理论的基本思路:基于问题导向的"优化设计"与"人的能动作用"双规则互动耦合机制。该研究根据和谐管理原型,总结了和谐管理的基本过程及相应的设定和假设。

在中国特色的和谐管理理论的发展中,有3个人的理论最值得一提——泰罗、西蒙和哈耶克。和谐管理理论作为一种学说,经历了泰罗式的"走出经验"、西蒙式的"走出最优"、哈耶克式的"走出建构",使它成为开放的、不断证伪的、逻辑自洽的新型管理诊断学。

和谐管理理论的研究内容,经历了"控制→协调→和谐",形成对不确定性的消解。在管理学的研究内容上,早期管理学(古典管理学)以泰罗和法约尔为代表,实际上强调的主要是控制。20世纪80年代,在管理学迅猛发展的初期,中国学界基本上接受了以协调为基调的管理学研究倾向。在最初的和谐管理理论中,"和谐"的定义域以协调为中心,然而随着研究的深入,由以协调为内涵的和谐,逐渐发展为以"和则"和"谐则"的耦合体系为内涵的和谐主题。和则是用于指导环境诱导下组织演化的基本规则,是指"人及人群的观念、行为在组织中'合意'地

'嵌入'"。谐则是用于处理管理中的物的要素以及人与物的互动关系中能够被优化和设计的规则,它是"物要素在组织中'合理'地'投入'"。和则与谐则的提出,标志着和谐管理理论真正进入了学术创新阶段。

自1987年被提出以来,历经30余年的发展,和谐管理理论已经逐步构建为以和谐主题、和则(强调能动致变)、谐则(强调设计优化)等为核心概念的现代管理理论体系。谐则,在我们预期的研究中是能力和资源,可以短期来解决;和则,在我们的预期研究中是价值观,需要长期确认。

二、和谐理论在组织行为学中的应用

已有的研究结果验证了和谐管理理论的基本框架,并反映出该理论对现实组织管理问题的解释力。在应用实践方面,和谐管理理论被用来分析了日本型经营体系、无形资产的管理、组织中信息流的协调以及海尔的组织变革等一系列重要的管理问题。

复杂多变已成为当代组织环境的基本特征,作为专门针对不确定性应对而提出的和谐管理理论,能够为当代组织管理提供重要启示。我们可以看到,"和谐管理理论"被作为理论依据广泛应用于其他组织行为领域,在广度与深度上不断被发展。

在和谐社会中秩序形成的应用:如果将我国的整个社会系统看作是一个组织的话,那么其发展愿景则是社会主义和谐社会的成功构建。良性健康社会秩序的建立与形成是树立、落实科学发展观及构建社会主义和谐社会的重要目标之一。2007年,席酉民、王亚刚以和谐管理理论作为指导思想及分析工具,运用系统工程视角,从政府设计规划职能的优化与完善、环境诱导下社会系统的自主演化以及二者围绕发展主题的有机整合三个方面,对和谐社会秩序的形成机制进行了系统的构建,从而探索出一条基于和谐管理理论的和谐社会中秩序形成的实现路径。

在领导理论体系中的应用:领导一直是组织管理、组织行为学,乃至人力资源管理研究的热点问题。王大刚等在回顾有关领导理论研究的基础上,提出了和谐管理领导力应具备三种特征:组织影响力、内在控制点的个性特征和管理技能。和谐管理领导力即在中国公司情境下,与环境、组织和战略因素相比,领导扮演着更为重要的角色并发挥关键作用。2008年,尚玉钒等提出了基于和谐管理理论的领导行为有效性整合模型,为建构完整的领导理论体系提供了一个研究框架。

在企业管理中的应用:根据国内外企业的发展情况,一个和谐企业的发展应当具有与时俱进的企业发展战略。2001年,席酉民等针对我国企业的管理难题,从企业管理行为和公司治理研究入手,提出建立由企业发展环境、治理模式和管理系统三方面有机互动和相互支撑的体系,并形成了包括和谐管理理论、系统设计方法三个层次的和谐管理体系。2008年,刘静静等引入和谐管理理论作为企业危机管理的指导理论,并给出了解决企业危机问题的一般框架,为企业危机管理提供了一条新思路。2008年，叶金凤等基于和谐管理理论，建立了绩效管理系统与机制，以提升企业绩效管理的系统性、操作性、灵活性与有效性。传统的企业组织结构形态面临着各种挑战，张晓军和席酉民从和谐管理理论的视角出发，提出未来的组织结构关注重点以及措施来有效地应对组织结构所面临的挑战。

在团队管理中的应用：团队本身是一个需要不断学习、不断创新的组织。为了充分发挥团队在科技创新中的作用，构建以和谐为中心的团队文化十分必要。张传东从五个方面探讨了构建团队和谐文化的途径。2008年，黄志斌、张传东提出构建科技创新团队和谐关系的三个层面，探讨科技创新团队和谐关系的构建原理与途径，有利于激发科技创新团队的创造力。根据我国企业在发展过程中存在着高层团队整合不和谐的问题，李文明提出我国企业高层团队和谐整合的概念，并在此基础上，构建起我国企业高层团队和谐整合的模式及其主要的整合内容。

和谐理论的研究已经得到学术界充分的重视，很多研究思路和方法为本书的研究提供了思路以及理论参考。纵观和谐理论的研究现状，可以发现其中存在一定程度的局限性，具体来说：第一，从和谐理论的提出到现在的这个发展过程，很少有学者将目光放到管理团队的和谐性上，更多的是致力于把和谐管理理论作为理论基础，研究一个比较庞大的系统的和谐性；第二，对企业高层团队的和谐性问题的研究大部分强调了团队这个对象（比如团队和谐性的整合、团队和谐关系的构建），而忽视了组成团队的成员自身的特征。尤其是从中国传统的人才观出发，探讨个人的"才""德"对团体的和谐性的作用。除此之外，随着变量——时间的变化，团队在企业发展过程中具有"变动性"，也忽视了团队"和谐性"因此受到的影响。

第三章 研究模型与假设

第一节 模型的构建思路

本书探讨的是高层管理团队与企业成长的关系。本章将从高层梯队理论出发,结合治理理论和组织行为学,探讨在各种情景下高层管理团队与企业成长的作用机制。通过梳理相关的文献可以发现,高层管理团队与企业成长的关系在理论和实证分析中缺乏稳健性。究其原因,是高层管理团队特征的不一致性以及高层管理团队与企业成长间的作用机制不明。这个作用机制又被理论界称为"黑箱"。对于黑箱中内容的研究,是近来高层管理梯队理论研究的热点。大多文献认为,"黑箱"的内容如图3-1所示,大致包括两个方面的内容,一是高层管理团队成员的管理认知过程,二是高层管理团队成员在经营管理中的行为。

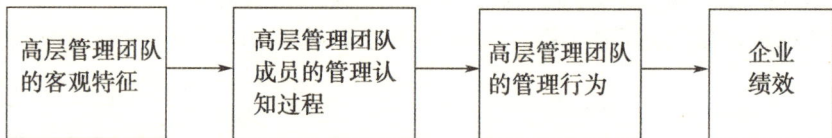

图3-1 高层管理特征与企业成长关系图

前者是高层管理团队成员的主观意识,主要包括这些成员的价值观、性格特点、人格特征等;后者是这些主观意识表现出来的管理行为,主要包括战略选择、经营管理等。对于高层管理团队成员管理认知过程的研究,大多文献认为其难点在于难以测量,所以采用的方法各不相同。对于高层管理团队的管理行为的研究,众多文献基本一致,认为高层管理团队的基本任务是为企业的发展提供战略决策,所以对高层管理团队的管理行为的研究大多集中在高层管理团队的战略选择、战略变革等行为。本书将对"黑箱"中的两个内容进行研究,提出一些新的思路和想法。

对于高层管理团队成员的管理认知过程,梅森(Mason)和瓦尔德曼(Waldman)等认为它是高层管理团队成员客观特征的主观体现,是企业战略行为的直接前因。但是,对于高层管理团队成员的主观意识的测定是十分困难的,卡朋特认为,前期基于资源基础的高层梯队理论倾向于强调基于人口特征的偏好与性格,所以提出了高层梯队理论的综合理论模型,认为客观特征的综合性作用可以用来表达难以测量的主观特征的作用机制。所谓综合性作用,是指多个客观特征集中地表达了一个主观特征,比如高层管理团队的管理企业的能力,这些能力可能一部分体现在受教育程度上,另一部分体现在任职年限上,甚至体现在性别上。每个客观特征都有体现,只是部分体现了管理能力,而不是全部体现。因此,在构建模型之前,要考虑高层管理团队客观特征的综合性。通过对高层管理团队成员的客观特征进行因子分析,得出高层管理团队的综合性特征(以下称高层管理团队特征)。从前面的文献综述,我们认为高层管理团队特征大致有三个方面的内容:一是反映高层管理团队对于企业经营管理方面能力的特征——能力特征。二是反映高层管理团队成员价值观的特征——治理特征。三是体现高层管理团队的自然特征,比如团队的大小、男女比例等。

除了高层管理团队特征外,以往文献关于高层管理团队与企业成长的关系结果的不稳健性还体现在对于企业成长的衡量上。一般来说,经营者层面的高层管理团队成员注重的是中短期的效益,而所有者层面的高层管理团队成员更注重的是中长期的企业成长。短期的成长主要体现在盈利性和扩张性;长期的成长主要体现在内涵式的管理性成长。这是企业治理机制对于企业成长的影响。因此,本书将众多的企业成长指标通过因子分析的方法得到短期、中期和长期企业成长,并分别将它们命名为盈利性成长、管理性成长和资源性成长。高层管理团队的客观特征和企业成长的因子分析过程将在第四章详细呈现。

至此,我们解决了"黑箱"的第一个问题,即如何通过客观特征来体现管理认知过程这个主观特征。接下来就是"黑箱"的第二个问题,即高层管理团队的管理行为。对于这个内容,大多文献的认识基本一致,认为高层管理团队是通过企业的战略决策来体现高层管理团队的价值,这个价值最终体现在企业成长上。高层管理团队的战略决策体现在各种层面上,有企业层面上的战略,也有职能、业务、产品等层面的战略。近年来,国内对于战略选择的研究,主要集中在多元化战略、一体化战略以及密集型成长战略等公司层面的发展战略上,主要是由于在企业成长过程中,外延式的扩张是不能回避的阶段。而外延式发展方式的表现形式就是多元化战略。但是,多元化对于企业成长的影响也是众说纷纭。有的文献认为多元化有利于企业的成长,而有的文献认为多元化不利于企业的发展(李敬,2002)。所以选择多元化战略研究具有很强的理论和现实意义。

通过第二章的分析可以发现,以往研究多是基于单一的高层梯队理论来探讨高层管理团队与企业成长的关系,但这些研究却忽视了高层管理团队的结构以及环境对于高层管理团队及其成员的影响。对于高层管理团队来说,成员所处的地位和利益诉求不同,使得他们在决策中的偏好不同。这些差异会通过行为表现出来,最终会导致企业成长的差异。这些企业成长的差异又会反馈回来影响团队的结构。换句话说,团队成员的组成与变化将影响企业成长,企业成长也会影响团队成员的组成与变化。所以,本书将探讨高层管理团队成员的变化对企业成长的影响。除此之外,环境对于高层管理团队与企业成长的关系也有较显著的影响,安曼等认为在垄断的市场环境中,企业的治理机制的优劣对企业成长的影响是不显著的。在市场机制不健全、公平公正的竞争缺失的条件下,高管的特征对于企业成长的影响如何,是高层梯队理论中缺失的一环。在体现市场竞争的特征中,高层管理团队成员的社会资本是众多文献的首选。因为如果高管团队成员的社会资本丰厚,可给企业带来更多的成长;而没有社会资本的高管团队的企业成长相对较差。我们可以认为,社会资本的多寡代表了企业在竞争中处于优势或劣势,市场机制处于无效的地步。换句话说,社会资本代表了企业所处的市场机制环境。所以,本书将探讨高层管理团队成员的社会资本对企业成长的影响。

总之,本书将探讨高层管理团队特征与企业成长间的机制,以及在高层管理团队成员的社会资本不同的情景下这个机制的变化,循着寻找中介变量、调节变量的思路进行研究。

第二节　高层管理团队特征及其变化、企业成长的内涵

一、高层管理团队特征的内涵

前文对高层管理团队特征进行了定义,指的是高层管理团队的客观特征的综合表现,分为能力特征、治理特征和自然特征。这三个特征可以通过因子分析的办法得到,下面对三个特征的内涵进行阐述。

1. 高层管理团队的能力特征。高层管理团队的能力特征是高层管理团队的核心特征之一。团队企业成长的潜在水平很大程度上取决于团体成员给团队带来的资源,这个资源包括成员的能力和个性特点,它体现了高层管理团队经营管理企业的素质,是团队成员的品质、性格、学识、技能、体质等方面特性的总和。在现代企业里,管理人员担负着对企业生产经营活动进行计划、组织、指挥、控制、协调等管理职能,管理人员素质的高低是决定企业能否取得成功的重要因素。一般而言,企业的管理人员应该具备如下素质:

(1) 良好的道德品质修养。良好的道德品质修养是所有管理人员都必须具备的,层次越高,道德品质修养的要求就必须越高。力帆集团董事长尹明善说过:对于管理人员要德为先,如果没有良好的道德品质修养,能力越大,对公司的破坏力可能就越大。这句话说明了管理人员的道德品质在管理素质中的重要性。司马光有类似的想法,他以德和才为维度对人的性质进行了分类:"才德全尽谓之'圣人',才德兼亡谓之'愚人',德胜才谓之'君子',才胜德谓之'小人'。"他接着说,如果得不到圣人与君子,宁愿要"愚人",也不要"小人",因为小人"挟才以为恶"。管理人员的道德品质修养包括思想品德、工作作风、生活作风、性格气质等方面。道

德品质修养在客观特征中可以得到体现,比如有无犯罪、违法、违纪的记录,在以往工作中的表现等。

(2)极大的工作热情。所有工作必须要有工作热情和动力,企业管理也一样。只有那些具有影响他人的强烈愿望,并能从管理工作中获得乐趣、真正得到满足的人,才可能成为一个有效的管理者;倘若没有极大的工作热情,管理者就不会花费时间和精力去探索管理活动的规律性和方法,难以成为一个优秀的管理者。在管理层中,无论哪个层级的管理者都必须具备极大的工作热情。很多创业者在创业阶段对工作有极大的热情,随着创业的成功,很多条件的改变,这种热情便降低了。工作动力与价值观有关,在高层管理团队成员中,还与受教育程度、宗教信仰、经济收入、性别等有一定的关系。

(3)专业技术水平。管理人员应当拥有相当的专业技术水平,具备处理与职位相当的专门业务技术问题的能力,包括掌握必要的专业知识,能够从事专业问题的分析研究,能够熟练运用专业工具和方法等。在管理层中,不同层级的管理者虽然对于专业技术水平的要求不同,但只是程度不一样而已,不论是综合性管理抑或职能管理,都有其特定的技术要求。因此,管理人员应当是所从事管理工作的专家,不能出现外行指挥内行的情况。就管理对象的业务活动而言,管理人员虽然不一定直接从事具体的技术操作,但必须熟知有关业务技术特点,否则就无法对业务活动出现的问题做出准确判断,而使企业承受极大的风险。专业技术水平与管理人员的受教育的程度、以往的任职经历、任职时间等有很大的关系。

(4)人际关系协调能力。这是从事管理工作必须具备的基本能力。组织即人事,企业作为一个组织,实际上就是管理人员带领和推动若干个人或群体为了一个共同的目标共同从事生产经营活动。因此,管理人员需要具备较强的组织能力,能够按照分工协作的要求合理分配人员,布置工作任务,调节工作进程,将计划目标转化为每个员工的实际行动,促进生产经营过程连续有序地稳定进行。在企业内部的人际关系中,要按照现代管理制度的要求,从以人为本的原则出发,处理协调好人际矛盾。鼓励团体成员发挥合作精神,创造和谐融洽的组织气氛;在企业外部,要善于处理与企业有直接或间接关系的各种社会集团及个人的关系,妥善化解矛盾,避免冲突和纠纷,最大限度地争取社会各界公众的理解、信任、合作与支持,为企业的发展创造良好的外部环境。人际关系协调能力在不同的管理层级间有不同的侧重点。一般不鼓励越级处理人际关系矛盾。一般来说,高层管理人员更多的是协调企业外部的人际关系。人际关系协调能力也会受到管理人员客观特征的影响。

(5)决策能力。在瞬息万变的现代市场经济条件下,企业不断与外部环境进行信息、物质与人才的转换,企业生产经营需要随时根据市场环境的变化做出反应和调整。为此,管理人员必须具备较强的解决问题的能力。在解决问题的过程中,决策能力具有至关重要的作用。企业各个层级的管理人员都必须具备这样的能力,只是越是高级的管理人员所面临的问题越复杂,这些问题的复杂性主要体现在问题的非程序性、非规范化性。这些没有先例可循的非程序性、非规范性问题要求管理人员必须具有较高的决策能力,要善于在全面收集、整理信息的基础上,准确判断,大胆拍板,从各种备选方案中果断地选择最优方案,并将决策方案付诸实施。

不同层次的管理人员所需要的能力构成也有所不同。一般说来,高层管理人员必须具备良好的道德品质修养,必须有高昂的工作热情,不需要太强的专业技术能力,需要较强的企业外部人际关系协调能力;同时,决策能力对高层管理人员最重要,因为高层管理者承担企业重大战略决策、协调内外环境平衡的职能,专业问题可以委托职能部门的参谋人员去解决,但是最终的决策必须由自己执行。

以上高层管理团队成员的这些能力在企业运行过程中,必须要通过团队的作用来体现,任何企业的管理都不是高层管理团队某一个成员完成的。只有团队成员和谐相处、合作共事,才能发挥高层管理团队成员的以上素质。所以本书的能力特征是高层管理团队的能力,是团队成员的共同作用。

2. 高层管理团队的治理特征。所谓高层管理团队的治理特征就是高层管理团队成员价值观的匹配程度。现代企业都具有相同形式的治理制度,都有董事会、监事会、职工代表大会,但企业成长的过程和效果相差悬殊。其原因是高管团队成员价值观的匹配程度不同。有的企业匹配程度好,心往一处想,劲往一处使;而有的企业是互相拆台。高管团队成员的价值观的匹配程度是可以通过高管团队成员的人口统计学特征和治理机制表现出来的。比如董事会成员(所有权)的持股比例与经营管理高层人员(经营权)的持股比例的差异反映了他们在公司治理机制中的不同。一个企业如同一个人,全体股东投资成立有限公司形式的企业法人,董事会是企业的"大脑",总经理是企业的"心脏",总经理辖制的各部门是企业的"五脏六腑及肢体器官",监事会是企业的"免疫力系统",公司治理结构则是企业的"神经系统"。神经系统将各个系统有机地组织在一起才能完成人体的各项职能。高层管理团队人口统计学的特征也反映了公司在治理上的特点。公司规模、持股比例、是否领取薪酬甚至年龄、性别的比例都反映了公司的治理特点,也反映了高层管理团队成员对目前公司治理制度以及在这种治理制度下对公司经营状况的认同;同时,也反映了高层管理团队成员对公司未来的预期。本书认为,高层管理团队的治理特征反映了高管团队成员间价值观的匹配度,所以提出治理特征是高层管理团队和谐性的特征之一。

3. 高层管理团队的自然特征。所谓高层管理团队的自然特征,是指高层管理团队成员的自然属性,是每个企业所特有的,好比一个人的姓名。一个企业的高层管理团队是区别于任何一个其他的高层管理团队的,这是高层管理团队的自然特征与其他特征的区别之一。高层管理团队的其他特征是有共性的,比如治理特征,两个企业的高层管理团队的治理特征有可能是相同的。高层管理团队的自然特征的来源是高层管理团队的特征中除了经营管理的能力特征和高管团队的治理特征所剩余的那些特征。举一个例子来说明,两个企业如果有相同数量的男性高层管理团队成员和相同数量的女性高层管理团队成员,男性与女性在管理风格上有差异,大致的说法是,男性一般敢于冒险,而女性要相对谨慎一些。如果这两个企业的决策风格和能力没有差异,那他们的自然特征是有差异的,因为他们不是同一个管理团队。从自然特征的形成来看,高层管理团队的自然特征是企业在发展过程中自然选择的结果。从企业创立开始,以企业目标(企业成长)为主线,高层管理团队的组成便开始发生变化。一般来说,这个变化遵循"资源的异质性、价值观的匹配性",最终形成了企业高层管理团队的自然特征,如性别比、平均年龄、社会关系甚至宗教信仰等。

二、企业成长的内涵

如前所述,企业成长是一个由小到大、由弱变强的过程。在这个过程中,企业在各个方面发生了变化,即企业成长也有不同的层次。彭罗斯认为,企业成长取决于三个方面的因素:一是企业的资源,企业之所以能成长是对相对未充分利用的资源的继续利用。企业的成长主要取决于能否更为有效地利用现有资源,企业在成长过程中也表现为资源的增长。二是企业的人力资源,企业的人力资源既是企业扩张的引致性因素又是限制性因素,即人力资源的增长会导致企业的扩张性成长,企业扩张性成长又依赖高素质的人力资源。三是企业成长受制于管理资源不足,表现在企业扩张导致相应的管理需求,新的管理供给在短时间内会导致管理效率的降低,这样反过来约束了企业的扩张。

马里斯(Marris,1963)[①]认为,企业成长受到四个因素的影响:一是需求约束;二是管理约束;三是财务约束;四是管理者目标约束。科斯认为,企业扩张的动力是为了减少交易费用;当市场交易费用的节约与企业内交易费用的上升相等时,企业规模的扩大就停止,企业与市场的边界就确定了。威廉姆森等(Williamson et al)进一步认为管理在企业成长中起到了重要的作用。纳尔逊(Nelson)和温特(Winter)认为,企业成长的轨迹类似"物竞天择、适者生存"的生物演化过程。企业通过"组织惯例""搜寻"和"选择环境"促使企业成长。他认为企业成长有其内在的"基因"。

通过梳理上述企业的成长理论,本书认为,企业的成长是一个相互联系、由量到质、从短期到长期的有机过程,它包含了资源性成长、管理性成长和盈利性成长三个阶段,这三个阶段不是简单的由低到高的阶段,而是一个螺旋上升的过程(图3-2)。在图3-2中,*OA* 的长度表示企业拥有的资源,*OB* 的长度表示企业的管

---

① Marris R. A model of the "managerial" enterprise[J]. Quarterly Journal of Economics, 1963, 77 (2): 185.

理,OC 的长度表示企业盈利。△OAC 的面积为企业规模。OA、OB、OC 的长度决定了三角形面积的大小。企业要成长,首先要获得一定的资源,在相应的管理的作用下获得一定的利润。企业在获得利润后,反过来需要管理和资源在原来的基础上进行优化和扩张,为下一次成长打下基础。在管理的优化和资源的扩张过程中,管理的优化分为两个阶段:第一阶段是面对盈利后管理的优化(BD),这个阶段主要解决的是管理层对于盈利的态度。第二阶段是资源增加后管理的优化(DF),这个阶段主要解决的规模增大后的管理难度。通过资源的扩张(AE)、管理的优化(BF),得到了扩张后的盈利(CG),企业也成长为规模更大的企业(△OEG)。

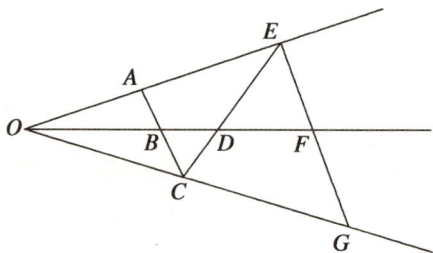

图 3-2　企业成长示意图

1. 资源性成长。企业是资源配置的最佳形式,否则会有别的经济形式取代它。作为资源配置的形式,企业必须掌握一定的资源,这是企业行为的基础。同时,资源的多少会影响企业的资源配置效率上的前因。杨杜(1995)认为,企业成长过程要经过规模经济、成长经济、多元化经济以及他们的结合体——复合经济。经营资源是企业成长的基础,在企业资源配置中,规模经济是企业资源性成长的最初表现形式。企业的扩张、成长最初体现企业在物质资源上的扩张,它是企业规模的表现,是企业在数量上成长的表现形式。企业资源性成长在企业绩效指标中都有表现,主要体现在固定资产增长率、资产保值增长率等指标上。

2. 管理性成长。企业在成长过程中伴随着企业管理水平的提高,如果企业发生了资源性成长,而企业的管理水平还停留在原来的水平上,最终会阻碍企业的成长。彭罗斯认为,企业成长受制于管理资源不足,这就是著名的彭罗斯效应。杨杜(1995)也认为,以人力资源为内容的管理资源是企业在成长过程中必须要解决的问题,他称为成长经济。企业在资源性成长结束后,企业资源规模的增加要求企业管理者在另外一个更高的水平上对企业资源进行配置。在企业管理的案例中,很多快速扩张的企业最后的失败就在于此。被称为"中国最著名的厂长""改革先锋"的马胜利在短短 2 年内,兼并了 100 多家造纸厂,规模扩大了,管理却没有跟上,最终导致了"马胜利造纸集团"的失败。如果说企业的资源性成长是企业外在的量的成长,那么企业的管理性成长则是企业内在的质的成长,是在资源性成长的基础上进行的内涵式成长。企业的管理性成长在企业绩效指标中都有表现,主要体现在管理费用率、杠杆系数等指标上。

3. 盈利性成长。有效提升盈利从来都是企业的现实需求。企业成长可以简单地理解为成就与效果,但是对于如何定义一个企业的成就,如何评价相应的效果,学术界和企业界从来就没有完全一致的论述。企业经营状况、企业竞争力以及经营者业绩成果都被认为是企业成长的体现。从这个意义上来看,企业成长被普遍认为是一种结果,具有数量和效率等属性。也有学者认为,企业成长既包括结果,也包括与结果目标有关的、可以按照个体的能力进行测量的行动或行为。李瑞萍(2004)[①]认为,"企业成长是循环积累的过程,是财富、技术、惯例与声誉累积的过程。"财富的增长对于企业成长来说,是至关重要的环节,既是资源成长的前提,也是树立企业经营和成长的信心。在市场竞争中,企业始终面临生存和发展问题,而解决生存和发展问题,必须有良好的盈利保证。良好的盈利对于企业经营者来说,是检验其经营业绩的显性指标,又是投资者对企业成长的信心保证。企业的盈利性成长,是企业成长的结果,也是衡量企业成长的一个标志。盈利性成长主要体现企业在最终目标上的成果,它是企业在效益上的表现形式,主要指标有净资产利润率、利润总额等。

三、高层管理团队和谐化的内涵

高层管理团队和谐化是高管团队趋于和谐性的过程,是一个高层管理团队能力特征异质化、价值观同质化的过程。在不同的发展阶段,高管团队和谐化的内涵是有差异的。高层管理团队的结构不是一成不变的,随着企业不断发展,高层管理团队和谐化也在发生变化,这些变化主要是团队成员的变化导致了团队特征的变化。当然,也可能由于团队成员间的冲突,造成了团队成员的价值观甚至性格的变化,这些也会导致高管团队和谐化的变化。一般来说,前者对于团队特征的变化的影响更大和频繁一些,毕竟改变一个人的价值观和性格不是短时间能发生的,而且成员的变化一般来说会导致团队的客观特征和主观特征都发生较大变化;后者的变化一般体现在主观特征上,客观特征变化相对较小。

根据人际交往中的"相似相吸"原则,个体会选择加入与自己某些人口特征相似的团队,即使正式成为团队成员后,也会以自己与他人在人口特征上的差异作为衡量满意度的重要指标(Pfeffer,1983;Schneider,1987)[②]。当差异较大时,一些个体就会感到不适应;当对工作中的某个问题或决策的认识有分歧时,就会产生摩擦冲突,从而导致离职的发生,结果高层管理团队趋于和谐化,也就是团队成员

① 李瑞萍. 中国企业成长的规律性研究——首届中国企业成长研讨会综述[J]. 经济与管理研究,2004(6):3-6.

② Pfeffer J. Organizational demography[J]. Research in Organizational Behavior, 1983, 5:299-357;Schneider, B. The people make the place[J]. Personnel Psychology, 1987, 40:437-454.

间人口特征以及重要的认知观念、价值观和经验具有相似性。芬克尔斯坦等认为群体和谐化显示出富有凝聚力，但思想、观点偏狭，不能集思广益；汉布里克等认为同质性的高管团队能有效减少内部过程的损失，使团队快速有效地作出决策。

高管团队成员在互动过程中，会就公司的发展战略选择表达各自的观点、认识，具有不同人口特征的异质群体对战略选择常难以达成共识，于是就会产生摩擦冲突，如果说和谐化有利于企业发展，那么这个和谐化一定要体现为高层管理团队成员价值观的同质化，而不是能力的同质化，后者只会带来能力的单一和可替代性。所以本书认为高管团队成员变化是按照能力的异质性、价值观的同质性来变化的。在本书中，高层管理团队的变化就是指高层管理团队和谐化，高层管理团队和谐化就是高层管理团能力的异质化、价值观的同质化。

第三节　高层管理团队特征及其变化对企业成长的影响

一、高层管理团队特征对企业成长的影响

1. 高层管理团队能力特征与企业成长。企业能力在企业成长过程中起到至关重要的作用。从前面高层管理团队的内涵中我们知道，高层管理团队的能力特征实际上就是企业家的能力。彭罗斯被公认为企业内生性成长理论的开创者，她认为企业内部拥有的资源状况是决定企业能力的基础。企业能力决定了企业成长的速度、方式和界限，而企业能力的最重要载体是企业家能力，企业家的基本功能就是发现和利用潜在的成长机会，尤其是企业在成长过程中所必需的创新能力，以及人力资源对于创新的作用。彭罗斯也强调创新能力及其他人力资本对企业成长的重要性。在讨论到企业家能力与企业成长的关系时，彭罗斯提出了所谓的彭罗斯效应，即向后弯曲型的企业成长曲线，在企业成长过程中是广泛存在的。也就是说，企业的成长轨迹并不是平滑的或平衡的，一时期的高速成长往往伴随着下一时期的低速成长；反过来，我们也可以预期，当企业度过了一个相对低速的成长阶段以后，高速的成长阶段也就到来了。应当说，这种动态的观点才是彭罗斯效应的真正含义。

张焕勇（2007）设计了企业家能力与企业成长关系的模型，提出了11个假设并进行了检验。企业家发现机会的能力与企业的成长呈正相关关系（部分支持）；企业家配置资源的能力与企业的成长呈正相关关系（部分支持）；企业家整合资源的能力与企业的成长呈正相关关系（支持）；企业家承担风险和不确定性的能力与企业的成长呈正相关关系（支持）；企业家创新能力与企业的成长呈正相关关系（支持）；企业家的学习能力与企业的成长呈正相关关系（支持）；企业家的学习能力与企业家发现机会的能力呈正相关关系（支持）；企业家的学习能力与企业家配置资源的能力呈正相关关系（支持）；企业家的学习能力与企业家整合资源的能力

呈正相关关系(支持);企业家的学习能力与企业家的创新能力呈正相关关系(支持);企业家的学习能力与企业家承担风险的能力呈正相关关系(不支持)等。他认为企业家的学习能力对企业的成长起到了双重作用:直接促进了企业的成长和通过强化其他方面的能力间接影响了企业的成长。张焕勇的博士论文更多地是从企业的外在探讨以上的假设及结果。他认为,企业的类型、规模、注册时间、企业生命周期会影响企业家的能力。实际上,这些前因是高层管理团队变化的原因。这些因素导致了具有相应能力特点的团队的形成。

吕一博(2008)构建了中小企业创新能力的评价体系,在不确定性条件下经济寻租视角的中小企业成长影响因素来源分析框架下,提出一个"成长动机—成长能力—成长资源基础—成长机会"四维度的中小企业成长影响因素模型,分析了中小企业企业家导向的影响因素,并构建了中小企业企业家导向影响因素分析模型,构建了中小企业成长的网络动力模型,对不同类型中小企业企业网络之间的相互关系及其对我国中小企业成长的影响进行分析说明。吕一博的博士论文结论对张焕勇的研究是一个补充,回答了在企业规模成长过程中的成长特点以及团队能力与企业资源性成长和管理性成长的关系。

综上所述,本书提出以下假设:

假设 1a:高管团队的能力特征与企业资源性成长有显著的正向关系;

假设 1b:高管团队的能力特征与企业管理性成长有显著的正向关系;

假设 1c:高管团队的能力特征与企业盈利性成长有显著的正向关系。

2. 高层管理团队治理特征与企业成长。钱德勒认为,管理层间的制约机制是企业持续成长的源泉,尤其是高层管理团队形成后必须进行有效的管理协调。这种管理协调与彭罗斯的团队成员间的紧密合作如出一辙。在现代企业制度中,对管理层进行管理协调以及表现团队成员的紧密合作的治理机制如何促进企业成长一直是企业管理的核心问题。

在企业的生命模型四要素中,公司治理最终支配着企业的成长和演化。张维迎在对中国绩优大企业进行实证分析的基础上,总结出了一个关于企业绩效与产权、治理结构的分析框架[①]。张维迎认为,产权决定着企业的治理结构,而企业的治理结构又影响企业家的能力与努力程度,而企业家的能力与努力程度又决定着企业的内部管理水平和企业的经营战略,并通过它们影响着企业的行为,如技术创新、经营战略等。由此可见,在影响企业成长的因素中,公司治理起了决定性的作用,它通过企业行为影响企业绩效。由此可见,企业治理机制影响的是企业的管理效率,从而带来良好的绩效。这个机制在钱德勒看来,是与人力资本息息相关的。钱德勒对美国企业进行成长研究后发现,美国企业诞生壮大过程中的关键

---

① 中国改革与发展报告专家组. 成长的经验[M]. 上海:上海远东出版社,1999.

变化是等级制管理团队的出现和经营权与所有权的两权分离。在这种变化背后，支配变革的是企业对降低成本，进而提高竞争力的追求。钱德勒认为，在管理协调的效率大于市场协调的效率前提下，会导致企业管理层级制的产生。这些管理层级制可以通过企业管理团队的人口统计学特征来体现。例如，管理层的持股比例、管理层的薪酬制度、管理层的股权激励等都可以反映到治理机制上。

管理团队中包含了所有权的利益群体，也包含了经营权的利益群体。现代公司治理中的经营权与所有权分离也导致了在目标上的冲突，这些冲突体现在经营积极性、代理成本、盈利态度上。尤其是在盈利态度上，经营层更倾向于有利于企业近期经营绩效的态度，比如将盈利投资在一些短、平、快的项目上；而所有层更倾向于有利于企业远期价值的态度，比如将盈利投资于有利于企业长期成长的项目。基于以上的分析，本书提出以下的假设：

假设 2a：高管团队的治理特征与企业资源性成长有显著的负向关系；

假设 2b：高管团队的治理特征与企业管理性成长有显著的正向关系；

假设 2c：高管团队的治理特征与企业盈利性成长有显著的正向关系。

3. 高层管理团队自然特征与企业成长的关系。在高层管理团队自然特征的内涵分析中，我们知道高层管理团队的自然特征是人口统计学特征总和中除了其他两个特征的剩余。单个的人口统计学特征与企业成长的关系，在以往的文献中结果是不一致的，至少是不稳健的。如高层管理团队的年龄、性别等人口统计学特征与企业绩效的关系，以往文献中有不同的研究结果。有学者认为，高管团队的平均年龄越大，所制定的企业战略就越保守，这会使企业丧失市场机会。魏斯玛（Wieraema）和伯德（Bird）发现，高管团队成员的年龄差距对团队人员的保留具有负作用，因为成员年龄相近的团队更易产生人际吸引，可以更好地保留团队成员，从而提升企业绩效。但是，有些实证结果并不支持这一结论。例如，戴利（Daily）和约翰逊（Johnson）的研究表明，CEO 的教育背景与 Jensen's alpha（公司绩效指标之一）显著负相关，与其他绩效指标无显著的相关性。

高管团队的自然属性在较长时间内处于稳定状态。其主成分的平均年龄、男女比率和团队规模等特征是在企业成长过程中体现出来的，如：合适的性别比率有助于提高劳动效率，就像俗话所说，"男女搭配，干活不累"，但这种合适的性别比是企业在长期的成长中形成的，而且十分稳定。所以高管的自然属性在以战略产出为特征的绩效中的表现不一定显著。再如，团队规模与企业规模和行业特征相关，控制企业规模和行业等变量后，团队规模与企业绩效的关系变得不是很显著。据此，本书认为，包括上述 3 个变量的高管团队自然属性与企业的短期经营业绩和长期成长绩效都不存在显著关系。基于以上分析，本书提出如下假设：

假设 3a：高管团队的自然特征与企业资源性成长没有显著关系；

假设 3b：高管团队的自然特征与企业管理性成长没有显著关系；

假设 3c：高管团队的自然特征与企业盈利性成长没有显著关系。

二、高层管理团队特征和谐化对企业成长的影响

社会心理学研究表明,人们喜欢在态度、兴趣、价值观、背景和人格上与自己相似的人(Newcomb,1961;Kupersmidt et al,1997)[1]。在一个团队或组织中,每个成员总是喜欢与自己背景、价值观、兴趣爱好相似的人交往;公司高管团队在成立之初有它的宗旨和奋斗目标,随后吸引认同团体宗旨和目标的人加入,因为这些新加入的成员认为团队的宗旨和目标既反映了老成员的追求,同时也是他们的追求,因此,新老成员有着共同的信念而聚集在团队中。但在以后的团队运作过程中,部分新成员由于工作中的错误或就工作中问题的认识与老成员发生分歧,产生摩擦冲突,最终导致他们离职。这样,离职后的团队较之团队成立之初具有更高的和谐化(Schneider,1987)。

我国是典型的集体主义文化的国家(梁漱溟,1963;李美枝,1993)[2]。受集体文化价值观的影响,高层管理团队成员重视相互之间的关系,分享相同的价值观念和世界观,常常将自己和别人划分成一些不同的社会类别,然后识别那些与自己属于同一个类别的个体。因而,高层管理者在决策过程中更多地考虑人际关系而不是相关绩效(孙海法,伍晓奕,2003;张平,2006),一些标新立异的成员就会离开团队,使团队越来越和谐化,柯江林等(2006)[3]通过对 2000—2003 年我国上市公司 3 111 个高管团队中 20 781 名高管人员的研究就证实了这一点。魏斯玛(Wiersema)和伯德(Bird)的研究表明,以美国企业为基准,对日本企业来说,高管团队的高异质性往往导致低绩效和高辞职率。柯(Kor,2003)通过研究成功的创业型企业后发现,在企业创始人为高管团队成员之一的情况下,高管团队工作经历的同质性越高,越有利于创业型企业成长壮大并取得良好的绩效。根据以上分析,本书提出以下假设:

假设 4a:高层管理团队特征和谐化程度与企业资源性成长没有显著的正向关系;

假设 4b:高层管理团队特征和谐化程度与企业管理性成长有显著的正向关系;

假设 4c:高层管理团队特征和谐化程度与企业盈利性成长有显著的正向关系。

---

① Newcomb T. The Acquaintance Process[M]. New York: Holt, Rinehert, 1961; Kupersmidt J B, Martin S L. Mental health problems of children of migrant and seasonal farm workers: a pilot study[J]. Journal of the American Academy of Child & Adolescent Psychiatry, 1997, 36(2): 224-232.

② 梁漱溟. 中国文化要义[M]. 台北: 中正书局,1963;李美枝. 从有关公平判断的研究结果看中国人之人己关系的界限[J]. 本土心理学研究,1993,6: 267-343.

③ 柯江林,孙健敏,张必武. 我国上市公司高管团队成员的离职原因——基于人口特征差距的解释及经验研究[J]. 经济管理,2006(23): 55-60.

第四节　战略选择的中介作用

一、战略选择在高层管理团队特征与企业成长间的中介作用

高层梯队理论在讨论高层管理团队和企业成长绩效间的关系时,把两者间的作用机制称为"黑箱"。对于"黑箱"中的内容,大多的文献认为,与高层管理团队的职能有关,即高层管理团队是通过何种机制来影响企业成长的。这是一个过程问题。对于这个过程问题,不同的研究侧重点不同,有的侧重于过程的主体,即高层管理团队成员间的资源整合、冲突、沟通等组织运行过程,其他研究侧重于高层管理团队的客体——战略的研究,着重于高层管理团队在战略的产生、战略的选择以及战略的执行中的作用及其机制。他们认为,这是高层管理团队最为重要,也是最能显示高层管理团队价值的任务。本书在这两个方面都做了尝试,本节主要探讨战略选择在高层管理团队与企业成长间的中介作用,另外的那个方面,我们在高层管理团队的特征中考虑。

汉布里克(Hambrick)和梅森(Mason)对于战略选择的内容给出了多个层面的战略选择:产品创新、多元化、一体化、并购、资本集中度、设备及器材更新、财务杠杆、管理复杂性、反应时间。在这些战略选择中,多元化是企业成长的主要战略(徐艳梅,1999)。原因在于企业寿命周期与企业所制造产品的寿命周期及企业所在产业(或行业)的寿命周期有关,而企业成长的制约主要来自于技术的制约。杨杜(1995)认为,多元化是企业成长的必由之路,经营资源是企业成长的基础。尹义省(1999)[1]认为,企业多角(元)化是企业成长的关键,多元化理论是成长中理论机制的核心和关键问题,并提出了实用策略,为企业家战略决策和政府对多角(元)化企业的调控提供理论依据和可供借鉴的实例。钱德勒认为,企业所处的环境,即企业的外部条件是多元化的成因,并通过企业内部的组织因素在企业成长中起到重要的作用。

钱德勒认为,当市场不稳定的时候,企业会倾向于纵向一体化和横向联合;当市场较稳定时,如果市场的效率提高,企业会倾向于剥离非核心业务。他认为,组织能力是通过对生产、营销和管理三方面的持续投资来获得的,只有企业获得了强大的组织能力,才能在市场竞争中建立起强大的进入壁垒或者突破先行者建立起来的进入壁垒。一旦企业获得了这种组织能力,即使因为战争等原因而暂时失去市场,也会在短期内迅速恢复市场占有率。这可以通过第一次世界大战之后英法和德国企业在世界市场上表现的巨大反差看出来。英法两国企业的组织能力

---

① 尹义省. 适度多角化:企业成长与业务重组[M]. 北京:三联书店,1999.

远没有德国企业的组织能力强，在市场环境变化中的成长能力不如德国企业快。所以，德国在"一战"后短时间内经济得到快速的增长，这与德国企业的组织能力是分不开的。

上述理论中，企业成长的原因是管理者的能力与企业组织能力。高层管理团队的各个特征与企业成长的类型的逻辑如下：高层管理团队拥有相当高的能力和比较完善的治理特征（组织能力），这些能力在适当的环境（机会）下通过企业多元化战略，促进或实现了企业的资源性成长和管理性成长。至于盈利性成长，在文献中的结果不一致，有的文献认为多元化有利于企业的盈利性成长，余鹏翼等（2005）在研究上市公司股权结构、多元化经营与公司绩效的关系中发现，多元化程度与公司绩效是同方向的。而有的文献却认为，多元化并不能带来企业的盈利性成长。克拉巴尔蒂等（Chakrabarti et al, 2007）研究了东亚企业多元化战略与企业绩效的关系，研究表明，多数国家的企业绩效与多元化之间呈负相关关系。基于以上的分析，本书提出以下假设：

假设 5a：企业多元化战略在高层管理团队能力特征与企业管理性成长间起到中介作用；

假设 5b：企业多元化战略在高层管理团队治理特征与企业管理性成长间起到中介作用；

假设 5c：企业多元化战略在高层管理团队能力特征与企业资源性成长间起到中介作用；

假设 5d：企业多元化战略在高层管理团队治理特征与企业资源性成长间起到中介作用；

假设 5e：企业多元化战略在高层管理团队自然特征与企业成长间没有中介作用。

二、战略选择在高层管理团队和谐化与企业成长间的中介作用

沟通、摩擦、冲突是企业战略选择的有机组成部分。沟通、摩擦、冲突等因素直接影响团队的运作过程（Carpenter et al, 2004）。史密斯等（Smith et al, 1994）的研究表明，人口统计特征对公司绩效并无直接影响，而是通过沟通和社会整合起作用。高管团队在运作过程中，各成员必定要对公司的战略选择进行认识和沟通，团队运作的结果就会反映到战略选择上；在高层管理团队的沟通、摩擦、冲突中，价值观的同质性能够提高决策的效率。

从前面的分析我们知道，多元化是企业发展的必由之路，企业在资源和能力上的准备是取得多元化战略胜利的关键。但无论是相关多元化还是横向多元化，企业高层管理团队都会发生变化，朝着有利于企业发展方向的变化是价值观的同质化和能力的异质化，我们把它称为企业高层管理团队的和谐化。

价值观的同质化对公司战略选择形成共识起着很大的影响作用，如迈克尔（Michael）和汉布里克（Hambrick）的研究发现，公司多元化战略相互依赖性越强，

其高管团队的和谐化也越高,因为团队的每个成员必须要高度认识子战略相互关联的重要性,从而达到整体战略的协调一致。

能力的异质性能够作为决策的后盾和思想来源。能力同质性的团队坚持现行战略,能很好地解决惯常问题(Jehn,1994),而能力异质性的团队富有创新精神,在企业处于激烈变动的环境下,可采取多元化的战略取得良好绩效(Haleblian & Finkelstein,1993)[1]。

多元化、企业成长以及高管团队和谐化三者间还有一个变化的先后问题。一般来说,团队的和谐化是对于前期企业(多元化)战略下的企业成长结果的不满,经过团队冲突后的结果。团队的变化会维持前期战略。用一句通俗的话来说,要么是战略变革,要么是团队变化。如果团队对企业成长比较满意,则团队和战略都比较稳定。

基于以上的分析,我们提出以下假设:

假设 6a:企业多元化战略在高层管理团队和谐化与企业资源性成长间起到中介作用;

假设 6b:企业多元化战略在高层管理团队和谐化与企业管理性成长间起到中介作用;

假设 6c:企业多元化战略在高层管理团队和谐化与企业盈利性成长间起到中介作用。

第五节　社会资本与冲突的调节作用

一、社会资本的调节作用

1. 社会资本在高层管理团队与企业成长间的调节作用。如前所述,被称为"关系"的社会资本有广义和狭义之分。广义的社会资本是指高管团队成员的属性带来的、作用于能力之上的高管属性,如高管团队成员的"校友"关系、任职经历中的"工友"关系等。狭义的社会资本仅指高管团队成员的政府任职经历。以往大多数文献认为,在政府主导的经济环境下,有关系的高管所在企业的绩效要好于没有关系的高管所在企业的绩效。但是,也有文献认为,企业的社会资本在高度市场化和治理机制完善的环境下,对企业绩效没有明显作用。

如果拥有社会资本的企业高度依赖自身的关系,则企业会形成僵硬的管理机制,无法适应复杂的市场变化。而没有关系的企业通过加强团队建设和完善治理

---

[1] Haleblian J, Finkelstein S. Top management team size, CEO dominance, and firm performance: the moderating roles of environmental turbulence and discretion[J]. Academy of Management Journal, 1993, 36(4): 844-863.

机制来适应市场变化,反而会取得良好的企业绩效。这些文献大多将社会资本作为高层管理团队的其他特征的前因,或者与之并列来研究它们的关系。实际上,和其他的资源性特征相比,社会资本与环境的关系更加密切一些。甚至可以说,社会资本的总和就是企业的环境因素,如果企业在运行中,所有的行为都需要靠关系,这些关系交织在一起便形成了企业所处的经营环境。反之,如果企业在运行中,关系不起作用,那么企业的经营就需要靠企业家的经营能力以及公司的治理。基于社会资本这个特点,本书将高管团队的社会资本作为调节变量,探讨在不同社会资本的条件下,高管团队的特征与企业成长的关系。

安曼等(Ammann et al,2011)利用欧盟的企业数据,对不同市场条件下企业治理与绩效的关系进行分析后认为,在高度垄断的条件下,企业治理与绩效的关系不显著。从企业成长的角度来说,一个具有较高能力、较完善的治理机制的团队不需要社会资本,较多的关系反而会制约团队建设,形成僵硬的体制,高管团队的其他成员在某个成员,尤其是核心成员的阴影下难以发挥更大的作用,从而不利于企业成长。在高管成员的社会资本中,尤其以 CEO 的社会资本更为关键。据此,本书提出以下假设:

假设 7a:CEO 的社会资本在高管团队能力特征与企业资源性成长间具有负向的调节作用;

假设 7b:CEO 的社会资本在高管团队能力特征与企业管理性成长间具有负向的调节作用;

假设 7c:CEO 的社会资本在高管团队能力特征与企业盈利性成长间具有负向的调节作用;

假设 7d:CEO 的社会资本在高管团队治理特征与企业资源性成长间具有负向的调节作用;

假设 7e:CEO 的社会资本在高管团队治理特征与企业管理性成长间具有负向的调节作用;

假设 7f:CEO 的社会资本在高管团队治理特征与企业盈利性成长间具有负向的调节作用。

2. 社会资本在高层管理团队特征与多元化战略间的调节作用。前面分析了社会资本在高层管理团队特征和企业成长间的调节作用,认为 CEO 社会资本高会使得高层管理团队的能力发挥不出来,也会使得企业不太注重治理机制对于高层管理团队的激励和约束作用。那么,这个结果是通过何种机制体现出来的呢?本书认为,是通过多元化战略体现出来的。企业成长要经过一个规模扩张、业务扩张、结构性增长的过程(杨杜,1995)。其中,业务扩张就是企业的多元化过程,从这个角度说,多元化是企业发展的必由之路,在 CEO 社会资本较高的情形下,高层管理团队的能力将受制于具有优势的资源和权力路径。所谓资源路径,就是在资源中具有比较优势,经济体在发展过程中将围绕这个比较优势的资源来进行;权力路径就是具有较高权力的成员的思路或具有的资源,将比其他成员的思路和资源优先得到应用。

高层管理团队的能力特征、治理特征在资源路径和权力路径下表现为维持核心成员的战略选择。不利于团队成员发挥自己的资源和能力,也就不利于多元化战略。也有文献(贾良定,2007)[①]证明,不同的高层管理团队成员有多元化的倾向,经营层更倾向于多元化。多元化的经营方式及多元化所追求的利润最大化将能最大限度地体现经营层的价值。而对于所有者来说,他们更倾向于维护原有的经营行业,以规避多元化带来的经营风险。在高层管理团队社会资本的情景中,这种不同层次的高层管理团队的多元化战略倾向会发生变化。在核心高管社会资本丰富的情况下,由于资源和权力路径,经理层的价值不能充分体现,所以多元化战略倾向不明显;相反,在社会资源不丰富时,为了体现经营的价值,经营层更倾向于多元化战略。基于以上的分析,本书提出以下假设:

假设 8:CEO 的社会资本对高层管理团队特征与多元化战略的关系起负向的调节作用。

二、高层管理团队冲突的调节作用

高层管理团队成员间的冲突在高管团队和谐化与企业成长间的调节作用。高层管理团队成员间的冲突按照其功能来说,分为破坏性的冲突和建设性的冲突。建设性的冲突对企业的成长是有利的,因为它会使得高层管理团队结构得以优化(Coser,1956),从而增加其适应的弹性,也会使得组织在资源整合和凝聚力上得以提高(Lacce,1987)。过低的刺激或紧张水平对个体的作用和过度刺激或紧张水平一样。在一定的压力下,人们倾向于接受并主动寻求不同意见的新颖之处,迎接挑战,而且在很多情况下,人们对公开表达的敌意感到兴奋(Thomas,1976)[②]。适当的冲突能调动人们对于客观事物的兴趣和好奇心,从而带来创造性的工作绩效(Hoffman&Maier,1961)[③]。

---

① 贾良定,宋继文,李超平,等. 领导风格与员工工作态度——互惠和信任的中介作用的实证研究[J]. 中大管理研究,2007(1):13-45.

② Thomas K W. Conflict and conflict management[M]//Dunnette M D. Handbook of Industrial and Organizational Psychology. Palo Alto: Consulting Psychologists Press, 1976:889-935.

③ Hoffman L R, Maier N R. Quality and acceptance of problem solutions by members of homogeneous and heterogeneous groups[J]. Journal of Abnormal & Social Psychology, 1961, 62(2):401.

破坏性的冲突主要是通过精神或情绪上的压力造成成员间的不信任感。在组织运行中表现为资源的浪费、工作满意度低下、绩效降低。德勒（Dreu，1997）[1]发现,破坏性冲突对组织而言,会影响到工作满意度和组织绩效,在高冲突水平下,组织表现是:秩序混乱,成员处于过度压力的状况下,成员对工作不满,组织目标难于达成。在过低的冲突水平下,呈现出群体思维现象,如一言堂,同样导致工作满意度和组织绩效的下降。

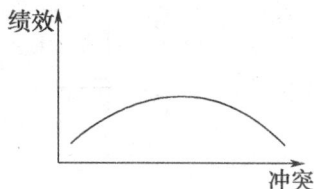

图 3-3　冲突水平和绩效水平的关系

综合两种功能的冲突,方海鹰（2007）认为,两种冲突对组织而言,是一把双刃剑。在管理适当时对组织绩效有良好作用的影响,在不恰当时其影响将是破坏性的,呈倒 U 形效应（图 3-3）。

冲突在高层管理团队和谐化的过程中起到了一个导向的作用,在冲突适中的团队中,高层管理团队的和谐化是能力的异质化;在冲突较高的团队中,和谐化的过程可能就变成了排除异己的过程。基于以上的分析,本书提出如下假设:

假设 9a：冲突水平在高管团队和谐化和企业资源性成长间起到调节作用;
假设 9b：冲突水平在高管团队和谐化和企业管理性成长间起到调节作用;
假设 9c：冲突水平在高管团队和谐化和企业盈利性成长间起到调节作用。
综合以上的分析,提出本书的模型（图 3-4 至图 3-7）。

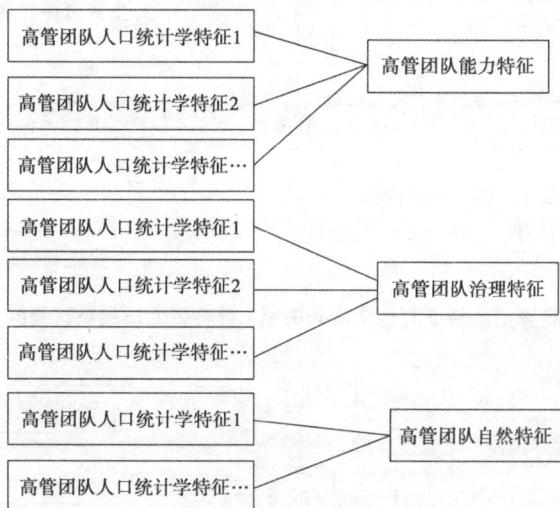

图 3-4　高管团队特征识别模型

---

① De Dreu C. Productive conflict: the importance of conflict management and conflict issue[M]//De Dreu C, Van de Vliert E. Using Conflict in Organizations. London: Sage, 1997: 9-22.

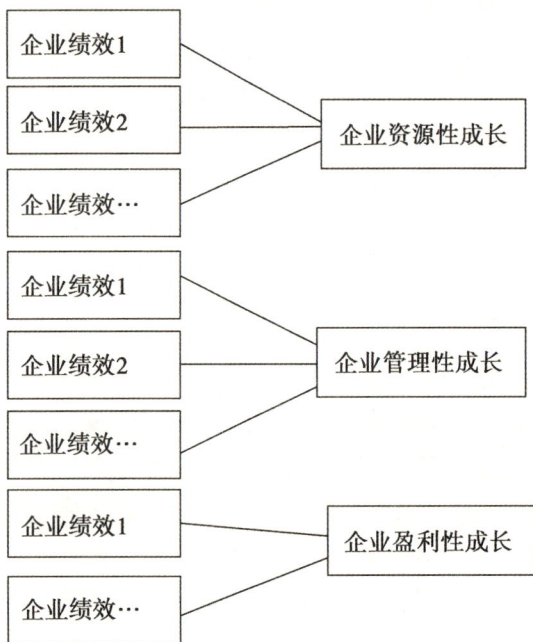

图 3-5　企业成长类型识别模型

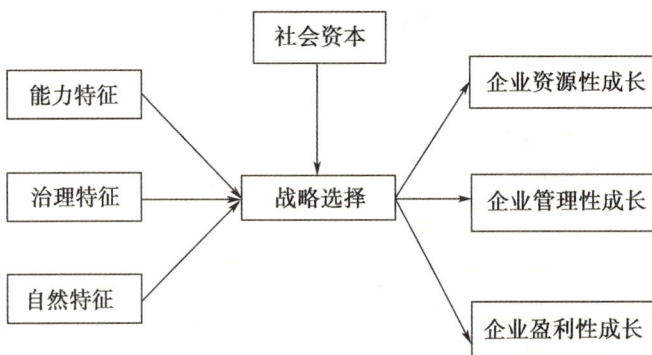

图 3-6　高管团队特征与企业成长关系：社会资本与战略选择的作用模型

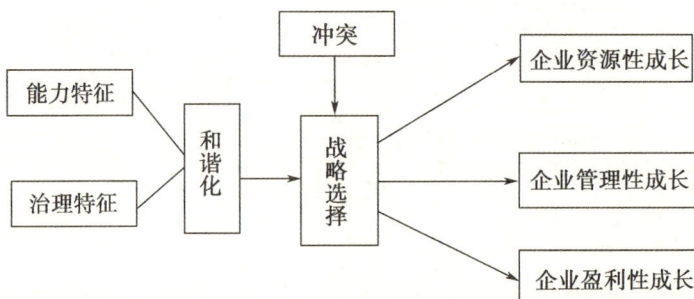

图 3-7　高管团队和谐化与企业成长关系：战略选择和团队冲突的作用模型

第六节　本 章 小 结

本章在中国传统人才观、和谐理论、高层梯队理论和企业成长理论的基础上，提出了本书的模型。

中国传统的"德""才"人才观，在现代人力资源管理中，可以被认为是团队能力特征和治理特征。和谐的高管团队表现为能力和治理的不同状态。能力的异质性和治理的同质性表现为团队成员才能的丰富性和价值观的匹配性。企业成长的过程是一个扩张和整理的过程。在一段时间的扩张后，企业需要在管理上有所增强。这个过程对高管团队提出了不同的要求。而高管团队是通过战略选择来回应这样的要求的。高管团队通过战略管理体现了自身的能力和治理状态。

高管团队是有结构的，不同的高管成员对团队特征的影响是不同的。CEO 的社会资本对团队的能力和治理的影响对中国转型期的企业更具有现实的意义，所以本书从社会资本的角度来构建模型。

高管团队在企业成长中，自身也在成长，这个成长的动力是团队冲突，所以本书在构建和谐化的模型时，从团队冲突的角度来考察和谐化与企业成长的关系。

第四章 研究设计与关键变量的测定

第一节 样本与数据

一、样本

1. 样本基本情况。本书选择了 2009—2012 年沪深两地上市公司作为研究对象。之所以选这 4 年，一是因为 2008 年金融危机前后的数据差异性较大，为了避免这个因素对研究产生较大的影响，所以选择从 2009 年开始。二是 2013 年的年报资料在数据收集时还没有出齐，所以截止时间为 2012 年。这 4 年间，在沪深两地的主板、中小板、创业板上市公司中，有新的公司上市，也有老的公司退市、合并等。为了从一个较长的时间观察样本，本书选择了这 4 年都存在的公司，即排除了新上市的公司以及退市、合并的公司。除此之外，由于我们选择的是两家数据公司提供的数据，所以在数据匹配时，选择的样本是两家数据公司的资料都不缺失数据的上市公司。由于时滞性的原因，我们选择自变量的样本是 2008 年，战略选择的是 2008—2011 年的样本，资源性成长选择的是 2011 年的样本。

2. 样本特征分析。最终，我们选择了 980 家公司作为本书的样本。其中，上海证券交易所上市公司 553 家，深圳证券交易所上市公司 427 家。主板市场 713 家，中小板上市公司 267 家，创业板上市公司 0 家。本书从企业层面对样本所处的行业、地区、寿命和规模进行描述性统计，结果见表 4-1。

从表 4-1 中可以看出，样本大部分来源于中东部地区的上市公司，占比为 70%；从行业来看，工、商业共计占比 68%；从上市市场来看，上海市场约占 69%，深圳市场约占 31%，主要原因是深圳市场的创业板，是 2009 年才开板的，在此之前的上市公司大多在上海市场上市；从资本市场上看，主板市场占 76%，中小板占 24%，创业板占 0%。中小板 2004 年开板，到 2009 年经历了 5 年的时间，已有 278 家，符合本书挑选样本标准的有 234 家，考虑到 2009 年创业板刚开板，所以剔除所有创业板的上市公司样本。

表 4-1 样本企业特征分析

行业	样本数	占比	地区	样本数	占比
公用行业	63	0.06	东部	432	0.44
地产行业	132	0.13	西部	215	0.22
综合行业	146	0.15	中部	241	0.25
工业	425	0.43	东北	92	0.09
商业	214	0.23			
小计	980	1.00		980	1.00
上市地点			资本市场		
上海	679	0.69	主板市场	746	0.76
深圳	301	0.31	中小板	234	0.24
			创业板	0	0.00
小计	980	1.00		980	1.00

二、数据

本书的对象是沪深两地的上市公司,采用上市公司数据的原因是上市公司在信息披露、公司治理上较其他公司都要成熟。可以说,沪深两地的上市公司是中国企业的典型代表。用沪深两地上市公司数据得出的结论具有较强的普遍性。所以,本书采用了国泰安和万得两家数据公司的上市公司数据。国泰安是国内第一家,也是规模最大的从事金融、经济信息精准数据库设计开发的专业高科技公司。近几年,有 5000 余篇采用国泰安 CSMAR 系列研究数据库及其研究服务的高质量学术论文在国内外一流期刊上发表。在金融财经数据领域,万得(Wind)资讯已建成国内最完整、最准确的以金融证券数据为核心的一流的大型金融工程和财经数据仓库,国内多数知名的金融学术研究机构和权威的监管机构都采用万得公司数据,大量中英文媒体、研究报告、学术论文等经常引用 Wind 资讯提供的数据。所以两家数据公司的数据具有较高的可信度。在本书中,高管的人口统计学特征和企业成长数据来源于深圳国泰安数据公司。高管人口统计学特征数据如表 4-2 所示,企业成长数据如表 4-3 所示。本书实际操作中删除了"职称"数据和"是否领取薪酬"数据。原因是"职称"数据的缺失率较高,达 56%,即一半以上的高层管理团队成员在职称上数据缺失,所以本书去掉这一特征。而"是否领取薪酬"与"报酬总额"合并,如果没有领取则报酬总额为 0。资源性成长指标每项都有 A、B 两项指标,表达了不同时间范围内的成长性。A 类指标表达的是一个较短时间内的成长,B 类指标表达的是一个相对较长的时间内的成长。在本书的分析中,我们剔除了现金流量的指标,原因是这类指标更多的是反映公司在一个较短的时间的经营状况,与公司的成长间的关系较弱。

表 4 - 2　国泰安数据库上市公司高管特征表

高管特征	备　注
职务类别	一至二位标识董事会监事会任职情况,10＝董事(常务、代理等),11＝董事长(副),12＝独立董事,13＝董事局主席(副),14＝其他;20＝监事(副),21＝监事会主席(副),22＝职工监事,23＝其他。三至六位表示高级管理层任职情况,30＝总经理(副),31＝经理(副),32＝总裁(副),33＝董事会秘书,34＝负责人,35＝主管(副),36＝顾问,37＝CEO,38＝总监,39＝其他。七至八位表示企业任职情况,40＝部长(副),41＝局长(副),42＝处长(副),43＝主任(副),44＝书记(副),45＝工会主席(副),46＝其他。最后两位表示具体管理方向,A＝财务,B＝工程,C＝技术,D＝信息,E＝法律,F＝人力资源,G＝市场,H＝运营,I＝行政,J＝投资,K＝生产,L＝质量,M＝其他,N＝无具体管理方向,空位用"0"表示。例如:董事、副总经理、董事会秘书、总会计师表示为 10303300AN
性别	1＝男性;2＝女性
年龄	未披露用－9666 表示
教育背景	1＝中专及中专以下,2＝大专,3＝本科,4＝硕士研究生,5＝博士研究生,6＝其他(以其他形式公布的学历,具体见该记录的备注)
职称	具体职称名称
现职任职开始日期	以 YYYY - MM - DD 列示,部分缺少在相应位置上以 00 表示,如 1993 年 12 月某日表示为 1993 - 12 - 00
现职任职结束日期	以 YYYY - MM - DD 列示,部分缺少在相应位置上以 00 表示,如 1993 年 12 月某日表示为 1993 - 12 - 00
是否领取薪酬	1＝在上市公司领取薪酬,2＝未在上市公司领取薪酬
报告期报酬总额	未披露用－9666 表示
年末持股数	未披露用－9666 表示
其他单位兼任标识	1＝有兼任,2＝无兼任。当该字段等于 1 时,表示有意义。此字段从 2005 年开始,以前年度无意义用 0 表示

表 4-3 国泰安数据公司上市公司成长性指标

企业成长指标	说　明
可持续增长率	销售净利率×总资产周转率×留存收益率×期初权益期末总资产乘数。其中,期初权益期末总资产乘数＝总资产/股东权益;当分母未公布或为零或小于零时,以 NULL 表示
资本保值增值率 A	期末股东权益/期初股东权益;当分母未公布或为零或小于零时,以 NULL 表示
资本保值增值率 B	期末股东权益/上年期末股东权益;当分母未公布或为零或小于零时,以 NULL 表示
资本积累率 A	(期末股东权益－期初股东权益)/期初股东权益;当分母未公布或为零或小于零时,以 NULL 表示
资本积累率 B	(期末股东权益－上年期末股东权益)/上年期末股东权益;当分母未公布或为零或小于零时,以 NULL 表示
固定资产增长率 A	(期末固定资产－期初固定资产)/期初固定资产;当分母未公布或为零或小于零时,以 NULL 表示
固定资产增长率 B	(期末固定资产－上年期末固定资产)/上年期末固定资产;当分母未公布或为零或小于零时,以 NULL 表示
总资产增长率 A	(期末总资产－期初总资产)/期初总资产;当分母未公布或为零或小于零时,以 NULL 表示
总资产增长率 B	(期末总资产－上年期末总资产)/上年期末总资产;当分母未公布或为零或小于零时,以 NULL 表示
基本每股收益增长率 A	(本期基本每股收益－期初基本每股收益)/期初基本每股收益;当分母未公布或为零或小于零时,以 NULL 表示
基本每股收益增长率 B	(本期基本每股收益－上期基本每股收益)/上期基本每股收益;当分母未公布或为零或小于零时,以 NULL 表示
稀释每股收益增长率 A	(本期稀释每股收益－期初稀释每股收益)/期初稀释每股收益;当分母未公布或为零或小于零时,以 NULL 表示
稀释每股收益增长率 B	(本期稀释每股收益－上期稀释每股收益)/上期稀释每股收益;当分母未公布或为零或小于零时,以 NULL 表示
净资产收益率增长率 A	(本期净资产收益率－期初净资产收益率)/期初净资产收益率;当分母未公布或为零或小于零时,以 NULL 表示
净资产收益率增长率 B	(本期净资产收益率－上期净资产收益率)/上期净资产收益率;当分母未公布或为零或小于零时,以 NULL 表示
净利润增长率 A	(本年净利润－期初净利润)/期初净利润;当分母未公布或为零或小于零时,以 NULL 表示

企业成长指标	说　明
净利润增长率 B	（本年净利润－上年净利润）/上年净利润；当分母未公布或为零或小于零时，以 NULL 表示
利润总额增长率 A	（本期利润总额－期初利润总额）/期初利润总额；当分母未公布或为零或小于零时，以 NULL 表示
利润总额增长率 B	（本期利润总额－上期利润总额）/上期利润总额；当分母未公布或为零或小于零时，以 NULL 表示
营业利润增长率 A	（本期营业利润－期初营业利润）/期初营业利润；当分母未公布或为零或小于零时，以 NULL 表示
营业利润增长率 B	（本期营业利润－上期营业利润）/上期营业利润；当分母未公布或为零或小于零时，以 NULL 表示
营业收入增长率 A	（本年营业收入－本年年初营业收入）/本年年初营业收入；当分母未公布或为零或小于零时，以 NULL 表示
营业收入增长率 B	（本年营业收入－上年营业收入）/上年营业收入；当分母未公布或为零或小于零时，以 NULL 表示
每股经营活动产生的现金流量净额增长率 A	（本期每股经营活动产生的现金流量净额－期初每股经营活动产生的现金流量净额）/期初每股经营活动产生的现金流量净额；当分母未公布或为零或小于零时，以 NULL 表示
每股经营活动产生的现金流量净额增长率 B	（本期每股经营活动产生的现金流量净额－上期每股经营活动产生的现金流量净额）/上期每股经营活动产生的现金流量净额；当分母未公布或为零或小于零时，以 NULL 表示
经营活动产生的现金流量净额增长率 A	（本期经营活动产生的现金流量净额－期初经营活动产生的现金流量净额）/期初经营活动产生的现金流量净额；当分母未公布或为零或小于零时，以 NULL 表示
经营活动产生的现金流量净额增长率 B	（本期经营活动产生的现金流量净额－上期经营活动产生的现金流量净额）/上期经营活动产生的现金流量净额；当分母未公布或为零或小于零时，以 NULL 表示
投资活动产生的现金流量净额增长率 A	（本期投资活动产生的现金流量净额－期初投资活动产生的现金流量净额）/期初投资活动产生的现金流量净额；当分母未公布或为零或小于零时，以 NULL 表示
投资活动产生的现金流量净额增长率 B	（本期投资活动产生的现金流量净额－上期投资活动产生的现金流量净额）/上期投资活动产生的现金流量净额；当分母未公布或为零或小于零时，以 NULL 表示
筹资活动产生的现金流量净额增长率 A	（本期筹资活动产生的现金流量净额－期初筹资活动产生的现金流量净额）/期初筹资活动产生的现金流量净额；当分母未公布或为零或小于零时，以 NULL 表示
筹资活动产生的现金流量净额增长率 B	（本期筹资活动产生的现金流量净额－上期筹资活动产生的现金流量净额）/上期筹资活动产生的现金流量净额；当分母未公布或为零或小于零时，以 NULL 表示

资料来源：深圳国泰安数据公司。

第二节　数据分析方法

本书采用的主要数据分析方法包括因子分析、信度分析、描述性统计、路径分析、均数差异分析、层级回归分析等。

1. 因子分析（Factor Analysis）。因子分析是指研究从变量群中提取共性因子的统计技术。它是从研究指标相关矩阵内部的依赖关系出发，把一些信息重叠、具有错综复杂关系的变量归结为少数几个不相关的综合因子的一种多元统计分析方法。它根据变量间的相关程度对变量进行分组，使得组内变量之间相关程度较高，组间变量的相关程度较低，每组变量代表一个公共因子。该方法在社会学研究中运用广泛，最早由英国心理学家斯皮尔曼提出。他发现学生的各科成绩之间存在着一定的相关性，某一科成绩好的学生，往往其他各科成绩也比较好，从而推想是否存在某些潜在的共性因子，或称某些一般智力条件影响着学生的学习成绩。在高层管理团队的认知特点上同样具备这样的类比，具有相同客观特征的高管在认知特点上可能具有相似性，各种财务企业成长指标相似的企业可能具有相同的成长路径。通过这些研究可以看出，用因子分析法来测量高层管理团队的认知特点和企业的成长性具有一定的有效性和科学性。

因子分析按照模型与数据间的关系可分为探索性因子分析（EFA）和验证性因子分析（CFA）。探索性因子分析是在理论上对于研究目标没有确定的影响因素的基础上，完全依据数据，以一定的统计方法进行分析抽取出共同因子的过程，从而推测出研究目标的影响因素的方法。而验证性因子分析则需要利用已经从理论上得到验证的先验信息，在已知因子的情况下验证所搜集的数据资料是否按理论上预定的结构方式产生作用。探索性因子分析的目的主要是为了找出影响研究目标变量的因子个数，以及各个因子和各个观测变量之间的相关程度；而验证性因子分析的主要目的是验证在以往提出的理论中研究目标变量的因子模型与实际数据的拟合程度。以上两种因子分析的数学原理都是建立在协方差（Covariance）提取的基础上。

本书中采用的因子分析方法是探索性因子分析，因子分析的目的是为了探索高层管理团队的人口统计学特征有几个公共因子；这些因子的主要组成部分是什么；揭示高层管理团队在企业经营管理中起到了什么作用。一般来讲，进行探索性因子分析之前，研究者可能并不知道因子的个数和结构。这对于项目设计的要求很高，有较大的理论风险。因为如果探索性因素分析仅仅是从测量所获得的测量值的统计性质出发，而不关心测量项目的原本设计意图，则将在后面的理论分析中困难重重。如果要使探索性因素分析的结论与原本设计意图相吻合，则对项目设计的要求很高。

2. 层级回归分析（Hierarchical Regression Modeling）。所谓层级回归分析

法,是为了评估不同预测变量的作用,利用两个嵌套的回归模型进行比较,以检测预测/自变量对结果变量的解释程度的一种回归方法。嵌套模型是指在回归过程中分阶段地加入预测变量,从而形成一个全新的模型。模型之间的差别是一个模型在另一个模型的基础上,增加了某个或多个预测变量。通过比较不同模型中结果变量被解释方差比例的差别,从而确定该变量是否存在对结果变量的独特贡献[1]。假如新加入的预测变量的模型与没有该变量的模型相比,能够显著地提高回归方程的决定系数 R^2,则说明新加入的预测变量对结果变量有显著影响。

3. 路径分析法。路径分析是指在结构方程模型中,如果每个潜变量都可以由一个显变量来表达,即所有显变量指标均能全部解释潜变量,通过一定的统计方法来探究变量间的路径是否显著,以及模型整体是否与数据相契合。传统的路径分析是采用回归的方法,探究路径系数的影响是否达到显著,无法就整体路径分析的假设模型作整体契合度的检验。此外,也无法有效估计其测量的误差。以变量属性来区分路径分析,其模型有两种:一为传统的路径分析,模型所有的变量均为测量指标变量,这些测量指标变量通常是量表中数个测量题项分数的加总,而非单一题项,此种结构方程模型(SEM)的路径分析称为观察变量路径分析,观察变量路径分析模型是一种没有包含任何潜在变量的结构方程模型。另外一种路径分析,则是结合了传统的路径分析验证性因子分析的测量模型,分析模型中除观察变量外,也包含潜在变量,因而同时具备测量模型与结构模型性质。模型中若以观察为因变量,潜在变量为果变量,则成为形成性指标,此种包含潜在变量的路径分析称为潜在变量路径分析,潜在变量路径分析模型综合了形成性指标与反映性指标两种指标类型,此种模型不但可以进行潜在变量与其指标变量所构成的测量模型的估计,也可以进行变量间路径分析的检验。

路径分析模型假定每个概念变量可由单一测量指标来权衡而没有误差,即测量每一个变量时没有测量误差,或界定每一个变量的操作型定义时没有界定误差存在,也就是每一个测量都被视为是对其唯一对应的潜在理论变量的精确呈现。观察变量路径分析模型中,每个潜在变量均只有一个观察变量或测量指标,此测量指标通常是一个完整构面,而非单题题项,测量指标能百分之百地代表其潜在变量的变异量,测量误差值为 0。

路径分析中有两种基本的类型:递归模型与非递归模型。二者的差异主要在于递归模型的残差间并未假设有相关存在;而非递归模型的残差间则假设有相关存在,或是变量间具有回溯关系。以五个观察变量间的关系为例,五个变量均是观察变量,并无潜在变量,此种关系其实是每个潜在变量均只有一个测量指标变

---

① Unique Contribution of New-entry Variable(s),在回归模型中,由于预测变量之间不可能真正独立,所以各自对于因变量的解释之间存在着重合部分,为了侦测所关注变量的影响大小,有必要排除重复部分。在回归统计分析时,可通过分步/层级的方法引入解释变量,以侦测变量的“独特影响”。

量,所有测量指标变量都百分之百反映其潜在变量,其测量误差全部为0,所有的因素负荷量均为1。递归模型的路径分析模型的因果关系箭头均只有单一方向,内因观察变量的残差项间没有相关。路径分析的主要步骤(以 AMOS 为例)是:

① 绘制变量和建立变量间的关系。这是路径分析的前提。将理论模型用图形和路径形象地表达变量的层次,变量间因果关系的路径、类型、结构等。绘制的路径图中用单箭头表示两个变量间的因果关系,箭头的方向与因果的方向相同;用双箭头表示变量间的相关关系。所有的变量分为:a. 潜变量。潜变量是不能直接测量的变量,需要用其他的显变量来测量,在 AMOS 中用圆表示。显变量的测量个数不能少于两个,否则潜变量就变成显变量了。b. 显变量。显变量是可以直接测量的变量,在 AMOS 中用方框表示。c. 残差变量。来自因果模型之外的影响因变量的所有变量的总称。是在因果模型中只扮演因,从不扮演果的变量,是不受模型中其他变量影响的独立变量。若变量间的关系是线性可加的,则因果模型可用标准化多元线性回归方程表示。回归方程的系数称为路径系数,它表示变量间因果关系的强弱,即当其他变量均保持不变时,变量间的直接作用力的大小。变量与残差间的回归系数称为残差路径系数,它表示所有自变量所不能解释的因变量的变异部分,其大小对于因果模型的确定有重要作用。

② 检验假设。路径分析的假设前提是:a. 模型为递归模型而不是非递归形式的反馈模型,否则路径便没有意义。但是同层次的变量间的残差可以相关。b. 变量间具有线性可加关系。c. 量不能是名义或次序型的,而应该是等距以上的测度型。d. 所有误差均为随机的,自变量没有测量误差,中间变量和因变量(箭头所指)都必须有测量误差。e. 所有内生变量的误差变量间及与内生变量有因果关系的所有自变量间无相关。

③ 估计参数。首先计算路径系数与残差路径的系数,然后计算两变量间相关系数。其三,计算直接效应系数和间接效应系数。最后,还要计算可决系数 R^2,R^2 表示所有作用于变量的自变量所能解释其变异量的比例。

④ 评估因果模型。评估模型的主要指标有:a. R^2。若 R^2 太小,表示自变量对于因变量的变异解释的程度较低,要考虑需要增加新的自变量,以保证模型精度。b. 方值与 P 值。一个理想的因果模型,卡方值和 P 值应当很小。当它很大时,则有必要重新估计此因果路径。c. 进行 F 检验,F 检验不显著时要修改模型。

路径分析是多元回归分析的延伸,与后者不同的是:a. 路径分析的因变量可以是多个,而多元回归的因变量是一个。b. 路径分析间的因果关系是多层次的,因果变量之间可以加入多个不同结构的中介变量,可以是并列关系,也可以是递进(因果)关系,使路径分析模型较一般回归模型对于现实因果关系的描述更丰富有力。c. 路径分析是运用多组回归方程,在体现模型的整体结构上比多元回归更优越。

4. 其他分析。其他分析包括描述性统计分析中常用的统计量:平均值、极值、标准差、相关分析等。这些分析方法是一种重要的辅助分析手段,可以和前面的分析进行相互印证,如层次回归中对分析目标变量比较显著的因素变量在相关系数中一般也比较显著。

第三节 变量测定

本书涉及的研究变量可以划分为五类:第一,自变量。本书将从高层管理团队的客观特征出发,利用因子分析的方法,寻找反映高层管理团队主观决策意识的变量。因子分析后,将每一个客观特征的一个线性组合形成自变量。这个方法很多学者都使用过。如尤素福等(Yusuf et al,2004)[①]探讨了在企业供应链整合中出现的新模式与获得有力竞争力之间的关系,对600个制造业企业进行问卷调查并收集数据,然后通过因子分析把几个变量变成少数几个主成分,最后通过多元回归,研究这几个主成分之间的关系。第二,中介变量。本书以战略选择作为中介变量。本书认为,高层管理团队特征对公司企业成长的影响并不是一种直接作用,而是通过影响战略选择的类型,进而才通过企业成长的高低表现出来。所以我们采用多元化作为研究的对象。第三,因变量。本书的因变量主要是公司成长,与自变量一样,采用因子分析的方法对多个成长性指标进行分析,按照一定的线性组合得到因变量。第四,控制变量。按照前人的研究,在涉及高层管理团队以及公司企业成长的分析中,通常要将团队规模、企业规模作为控制变量。第五,调节变量。本书将上市公司的国有股比例、高管社会资本等作为调节变量。

一、高管团队特征的内涵:自变量的测量

1. 高层管理团队特征的测量。如同前文所述,在高层梯队理论中,对于战略选择的前因研究只考虑高层管理团队单个的人口统计学特征对企业成长的影响。汉布里克(Hambrick)和芬克尔斯坦(Finkelstein)在传统UE理论的基础上提出要测定高层管理团队特征对企业成长的影响,需要对高层管理团队特征进行提炼。他们提出了高层管理团队的三个可辨别的核心要素:组成、过程、结构,认为高管的人口统计学特征有着不同的层次。很多的研究从主观心理特征入手进行研究,但是主观心理特征的数据取得对于高层管理团队来说几乎不可能。所以,本书从高管团队的客观特征入手,测量高管团队的能力和治理特征。我们综合了其他文献中的高管团队的人口统计学特征,大致有年龄、团队规模、男女比例、薪酬、兼职、教育程度、任现职时间、持股数、是否领薪等。基于此,我们利用2012年样本的高管客观特征变量进行了因子分析,结果如表4-4至表4-11,图4-1、图4-2所示。

① Yusuf Y Y, Gunasekaran A, Adeleye E O, et al. Agile supply chain capabilities: determinants of competitive objectives[J]. European Journal of Operational Research, 2004, 159(2): 379-392.

表 4 - 4   因子分析的球形检验

KMO 和 Bartlett 检验

取样足够度的 Kaiser-Meyer-Olkin 度量		0.603
Bartlett 的球形度检验	近似卡方	408.966
	df	28
	Sig.	0.000

表 4 - 5   描述统计量

	均值	标准差	N
平均持股	0.576 8	0.153 54	980
领薪比例	0.491 8	0.167 18	980
平均报酬	248 639.885 4	23 467	980
兼职率	0.084 7	0.362 91	980
男女比例	0.845 9	0.105 84	980
年龄	49.235 0	2.851 56	980
受教育程度	0.289 6	0.728 14	980
团队规模	20.000 0	5.079 98	980

表 4 - 6   相关矩阵[a]

		平均持股	领薪比例	平均报酬	兼职率	男女比例	年龄	受教育程度	团队规模
相关	平均持股	1.000	−0.259	0.202	0.190	−0.045	−0.132	0.082	−0.107
	领薪比例	−0.259	1.000	−0.038	−0.042	0.013	0.048	−0.032	−0.098
	平均报酬	0.202	−0.038	1.000	0.041	0.032	0.082	0.147	0.069
	兼职率	0.190	−0.042	0.041	1.000	−0.013	−0.084	0.032	−0.137
	男女比例	−0.045	0.013	0.032	−0.013	1.000	0.234	0.014	0.192
	年龄	−0.132	0.048	0.082	−0.084	0.234	1.000	0.059	0.132
	受教育程度	0.082	−0.032	0.147	0.032	0.014	0.059	1.000	0.095
	团队规模	−0.107	−0.098	0.069	−0.137	0.192	0.132	0.095	1.000

		平均持股	领薪比例	平均报酬	兼职率	男女比例	年龄	受教育程度	团队规模
Sig.（单侧）	平均持股		0.000	0.000	0.000	0.065	0.000	0.003	0.000
	领薪比例	0.000		0.104	0.081	0.337	0.056	0.146	0.001
	平均报酬	0.000	0.104		0.084	0.142	0.003	0.000	0.011
	兼职率	0.000	0.081	0.084		0.338	0.003	0.145	0.000
	男女比例	0.065	0.337	0.142	0.338		0.000	0.319	0.000
	年龄	0.000	.056	0.003	0.003	0.000		0.025	0.000
	受教育程度	0.003	0.146	0.000	0.145	0.319	0.025		0.001
	团队规模	0.000	0.001	0.011	0.000	0.000	0.000	0.001	

注：a. 行列式＝0.691。

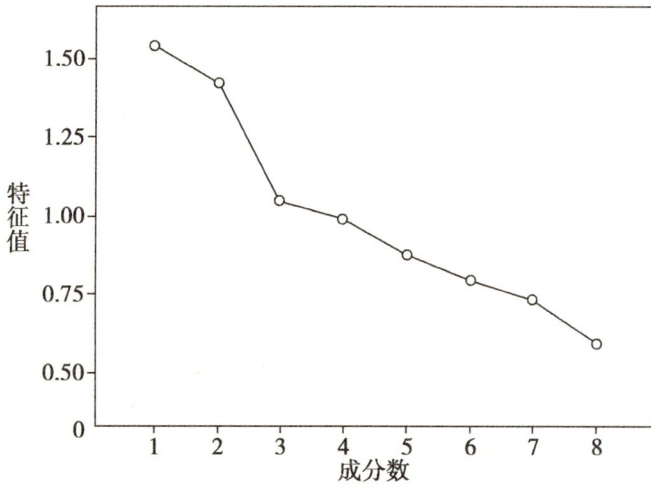

图 4-1　因子分析碎石图

表4-7 公共因子解释的总方差表

成分	初始特征值			提取平方和载入			旋转平方和载入		
	合计	方差的%	累积%	合计	方差的%	累积%	合计	方差的%	累积%
1	1.989	18.078	46.029	1.989	18.078	46.029	2.243	20.392	45.185
2	1.157	10.517	56.546	1.157	10.517	56.546	1.236	11.238	56.423
3	1.014	9.215	65.760	1.014	9.215	65.760	1.027	9.338	65.760
4	.983	8.940	74.700						
5	.930	8.450	83.150						
6	.659	5.994	89.144						
7	.577	5.245	94.389						
8	.446	4.051	98.440						
9	.172	1.560	100.000						
10	4.671E−16	4.246E−15	100.000						

注：提取方法为主成分分析。

表 4 - 8　成分矩阵ª

	成　分		
	1	2	3
平均持股	−0.654	0.429	−0.059
年龄	0.555	0.334	0.256
兼职率	−0.483	0.109	0.388
男女比例	0.469	0.387	0.057
团队规模	0.468	0.442	−0.409
平均报酬	−0.141	0.593	0.338
受教育程度	−0.031	0.490	0.285
领薪比例	0.337	−0.419	0.678

注：提取方法为主成分分析。a. 已提取了 3 个成分。

表 4 - 9　高层管理团队因子分析结果（旋转矩阵）

	成　分		
	1	2	3
年龄	0.700		
团队规模	0.644		
男女比率	0.610		
平均报酬		0.780	
领薪比率		0.671	
平均持股数		0.442	
兼职率			0.728
教育程度			0.678

注：表中的空格是去掉小于 0.3 的特征值，且按照大小排列。

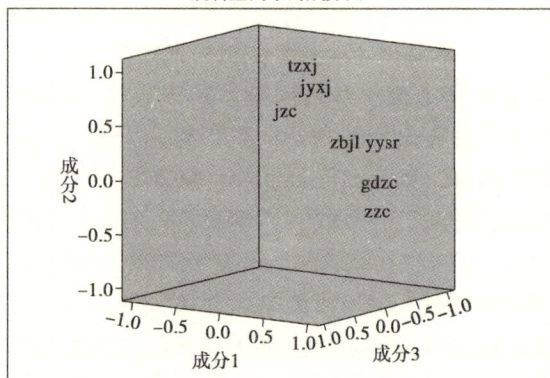

图 4 - 2　旋转空间图

表 4 - 10　成分转换矩阵

成分	1	2	3
1	.830	−.339	.443
2	.530	.726	−.438
3	−.173	.598	.783

注：提取方法为主成分分析。
旋转法：具有 Kaiser 标准化的正交旋转法。

表 4 - 11　成分得分系数矩阵

	成　　分		
	1	2	3
平均持股	−0.182	0.330	−0.364
领薪比例	−0.087	0.100	0.734
平均报酬	0.090	0.527	0.030
兼职率	−0.283	0.384	0.119
男女比例	0.388	0.128	0.058
年龄	0.381	0.195	0.248
受教育程度	0.119	0.421	0.054
团队规模	0.484	−0.111	−0.308

注：提取方法为主成分分析。
旋转法：具有 Kaiser 标准化的正交旋转法。

　　从表 4 - 4 中可以看出，高层管理团队的 9 个客观特征数据的球形检验值为 0.603，大于临界值 0.5，因此适合做因子分析。表 4 - 5、表 4 - 6 表明，从相关性来看，本书所选的 9 个高管团队的人口统计学特征有较明显的类别差异，即有的变量相关性高，有的相关性低。从图 4 - 1 碎石图来看，高管团队的 9 个人口统计学特征的特征值大于 1 的有 3 个因子，表明可以提取 3 个公因子。从表 4 - 7 可以看出，高层管理团队的 9 个客观特征的 65.760％的变化可以由 3 个公共因子来解释。通过表 4 - 8，我们得到了 3 个因子的成分矩阵，为了更好地对因子进行描述，本书在利用 SPSS 软件进行因子分析时，没有强制进行 3 因子的分析，而是使用了最大方差的旋转法，旋转的成分矩阵结果见表 4 - 9 和图 4 - 2。从图 4 - 2 可以看出，由 9 个原始变量萃取的 3 个因子转轴后的效果相当好。为了表明旋转前后的关系，本书列出了转换矩阵（表 4 - 10），可以把旋转前的矩阵乘以该矩阵就等于旋转后的矩阵。

　　表4-11是成分得分矩阵,本书的自变量的测量便是通过成分得分矩阵将原始指标转化为3个自变量。为了验证这种方法的稳健性,本书对其他年份(2008—2011年)的高层管理团队的客观特征进行因子分析,所得结果与2012年的基本一致。所得到的因子数与前述理论分析中的数目相当,验证了模型1。

　　由表4-9因子的旋转矩阵表可以看出,因子1的主要成分是年龄、团队规模、男女比率。从3个主成分来看,主要反映的是团队的自然特征,我们将因子1命名为高层管理团队的自然特征。因子2的主要成分是平均报酬、领薪比率、平均持股数,这3个指标反映了高层管理团队成员间的关系。平均报酬显示了高管在管理这个生产要素在分配上的体现,从而体现了高层管理团队的质量;领薪比例反映了公司在治理中的特点,反映了大股东与高层管理团队的关系,体现了高层管理团队的治理特征,基于此,本书将因子2命名为高层管理团队的治理特征。李江波、赵俐佳(2010)[①]采用了中小企业板上市公司的面板数据进行实证分析,指出高管货币报酬与高管持股的关系显著为负,两者在总的薪酬水平上互为替代;与公司规模水平的关系显著为正,一定的薪酬水平激励高管努力将公司做大、做强、做优。企业治理的核心在于建立一系列制度安排,以提高企业决策的效率,从而帮助企业成长。这种制度安排可分为基于代理理论、产权理论的公司内部治理和以市场、竞争为核心的外部治理。不同国家由于历史、文化和制度等因素的差异,以及企业自身的生产规模、市场环境和融资环境的不同,故采用的治理模式也相差甚远,大体可分为股权分散型、股权集中型和家族控制型等几类,而不同的治理模式对企业成长都会产生不同的影响,因此,研究企业治理结构对企业成长的影响就成为合理选择企业治理模式的首要问题。国内外学者对有关企业治理结构、激励约束制度安排和各类企业治理模式等因素与企业成长的关系进行了大量深入的理论和经验研究,取得了许多显著的成果,这些成果对于深刻认识企业治理结构与企业成长关系以及促进企业治理结构模式转换都起到了重要的指导作用。

　　因子3的主要成分是兼职率和教育程度,兼职率体现了高层管理团队成员在行业内的专业地位,一般来说,高层管理团队成员在其他企业的兼职体现了该成员在业务素质上的高低。教育程度也在一定程度上体现了高层管理团队的管理能力,故此,本书将因子3命名为高层管理团队的能力特征。

　　良好的管理人员的素质是提高管理的不可或缺的重要条件,管理人员的素质要求是指从事企业管理工作的人员应当具备的基本品质、素养和能力,它是选拔管理人员担任相应职务的依据和标准,也是决定管理者工作效能的先决条件。管理人员须具备制订计划的基本方法并掌握各项经济指标的内在联系,能够综合分

---

　　① 李江波,赵俐佳. 高级管理层薪酬与公司绩效的实证研究——基于中小企业板公司2006—2008年面板数据分析[J].云南财经大学学报,2010,26(2):80-86.

析企业的经营状况,预测未来的发展趋势。

以上的因子分析结果与本书在理论分析中对于企业高层管理团队的特征的理论分析基本吻合。

2. 高层管理团队和谐化的测量。本书中高层管理团队和谐化是指高层管理团队能力的异质化和价值观的同质化,我们对两个方面的变化都要进行测量。耶恩(Jehn,1994)认为,企业家能力与团队价值观的相同对于企业战略选择都至关重要。所以,高层管理团队的和谐化测量将使用相同权重的高层管理团队的能力异质性和价值观的同质性进行加权平均。

对高层管理团队能力异质性的测量我们将利用高层管理团队的能力特征的变化来表示,对高层管理团队价值观同质性的测量将利用治理特征的变化来表示。在权重的处理上,我们采用了相同的权重来平均两种变化。

$$TZ = (\Delta NL + \Delta ZL)/2$$

其中,TZ 表示高层管理团队和谐化系数;NL 表示对高层管理团队客观特征因子分析后能力因子的回归变量值;ZL 是治理因子的回归变量值;Δ 表示回归变化值。

二、企业成长的类型研究：因变量的测量

本书所讨论的目标是企业的成长性,如文献综述部分所述,企业的成长性是一个综合的问题,对成长性的量化也是莫衷一是。本书采用的是国泰安数据公司的成长化指标。这些指标分别从资产、经营、盈利等方面来体现。为了综合性地反映企业的成长性,本书也将对这些分散的指标进行因子分析。因子分析的结果如表 4 - 12 至表 4 - 18,图 4 - 3、图 4 - 4 所示。

表 4 - 12　KMO 和 Bartlett 检验

取样足够度的 Kaiser-Meyer-Olkin 度量		0.633
Bartlett 的球形度检验	近似卡方	812.966
	df	36
	Sig.	0.000

由表 4 - 12 可知,资源性成长的 9 个指标的球形检验值为 0.633,大于临界值 0.5,因此适合做因子分析。表 4 - 13 表明,从相关性来看,本书所选的 9 个企业发展指标有较明显的类别差异,即有的变量相关性高,有的相关性低。由图 4 - 3 可以看出,企业发展的 9 个指标特征值大于 1 的有 3 个因子,表明可以提取 3 个公因子。由表 4 - 14 可以看出,企业成长的 9 个客观特征的 70.746% 的变化可以由 3

个公共因子来解释。通过表4-15,我们得到了3个因子的成分矩阵,为了更好地对因子进行描述,本书在利用 SPSS 软件来进行因子分析时,没有强制进行3因子的分析,而是使用了最大方差的旋转法,旋转的成分矩阵结果见表4-16和图4-4。由图4-4可以看出,从9个原始变量萃取的3个因子转轴后的效果相当好。为了表明旋转前后的关系,本书列出了转换矩阵(表4-17),可以把旋转前的矩阵乘以该矩阵就等于旋转后的矩阵。

表4-18是成分得分矩阵,本书的自变量的测量便是通过成分得分矩阵将原始指标转化为三个自变量。为了验证这种方法的稳健性,本书对其他年份(2008—2011年)的高层管理团队的客观特征进行因子分析,所得结果与2012年的基本一致。所得到的因子数与前述理论分析中的数目相当,与前述高管团队特征一样,验证了模型1。

由表4-16可以看出,因子1的主成分有:固定资产增长率、总资产增长率、营业收入增长率、资本积累率,本书将因子1命名为企业资源性成长。因子2的主成分有:投资活动产生的现金增长率、净资产增长率、经营活动现金增长率,本书将因子2命名为企业管理性成长。因子3的主成分有:利润总额增长率、净利润增长率,这两个指标更能反映企业在经营中的企业成长。无论是固定资产的长期增长还是营业收入的增长,都是企业在战术层面的表现。所以我们将其命名为盈利性成长。

下面本书将对3个因变量与战略选择的关系进行分析。本书得到资源性成长因子包含固定资产增长率、总资产增长率、营业收入增长率、资本积累率4个指标;管理性成长因子包含投资活动产生的现金增长率、净资产增长率、经营活动现金增长率3个指标;盈利性成长包含利润总额增长率、净利润增长率两个指标。从主成分我们可以看出,资源性成长显示了企业长期的增长趋势,管理性成长显示了企业中期的增长趋势,盈利性成长显示了企业短期的增长趋势。长期的企业成长得益于企业的核心竞争力,而短期的企业成长可能更多地来源于环境等随机的因素。尽管战略选择的初衷是为了保持竞争力、提高企业成长,但战略选择对企业成长的作用效果并不是立竿见影的,甚至还可能在短期内起到负面作用,特别是涉及改变旧有经营模式的战略选择更容易导致企业成长的暂时下滑。学者们将其称为战略选择的调整期,也就是说,变革初期很可能给企业带来"阵痛",但如果能度过艰难的调整期,企业将会产生质变。调整期的长短根据行业、管理团队、企业文化等因素的不同而有很大差异。因此,在目前组织边界越来越模糊的"超竞争"背景下,企业战略选择与企业成长的关系引起了我们对现有战略选择理论的进一步反思。

表4-13 相关矩阵[a,b]

	固定资产增长率	资本积累率	总资产增长率	营业收入增长率	净利润增长率	利润总额增长率	净资产增长率	经营活动现金增长率	投资活动产生的现金增长率
固定资产增长率	1.000	0.574	1.000	0.574	0.034	0.107	0.033	0.001	0.008
资本积累率	0.574	1.000	0.574	1.000	0.073	0.023	0.275	0.044	0.201
总资产增长率	1.000	0.574	1.000	0.574	0.034	0.107	0.033	0.001	0.008
营业收入增长率	0.574	1.000	0.574	1.000	0.073	0.023	0.275	0.044	0.201
净利润增长率	0.034	0.073	0.034	0.073	1.000	0.149	0.223	0.002	0.021
利润总额增长率	0.107	0.023	0.107	0.023	0.149	1.000	0.247	-0.017	0.088
净资产增长率	0.033	0.275	0.033	0.275	0.223	0.247	1.000	0.271	0.667
经营活动现金增长率	0.001	0.044	0.001	0.044	0.002	-0.017	0.271	1.000	0.360
投资活动产生的现金增长率	0.008	0.201	0.008	0.201	0.021	0.088	0.667	0.360	1.000

注：a. 行列式=0.000；b. Pearson(皮尔逊)相关系数。

表 4 - 14　解释的总方差

成　分	初始特征值			提取平方和载入			旋转平方和载入		
	合计	方差的%	累积%	合计	方差的%	累积%	合计	方差的%	累积%
1	3.274	36.380	36.380	3.274	36.380	36.380	3.148	34.976	34.976
2	1.922	21.361	57.741	1.922	21.361	57.741	1.945	21.613	56.589
3	1.170	13.005	70.746	1.170	13.005	70.746	1.274	14.157	70.746
4	.926	10.289	81.035						
5	.827	9.192	90.227						
6	.597	6.633	96.860						
7	.283	3.140	100.000						
8	3.867E−17	4.297E−16	100.000						
9	−1.110E−17	−1.233E−16	100.000						

注：提取方法为主成分分析。

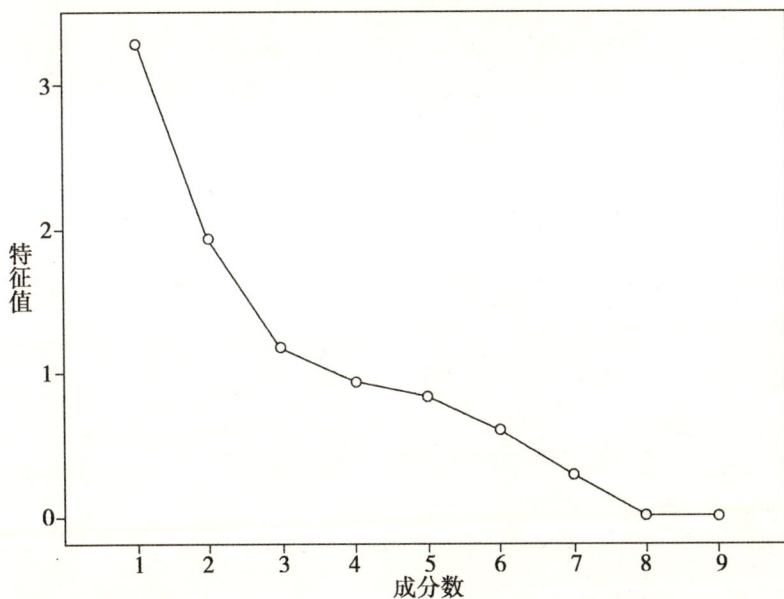

图 4 - 3　因子分析碎石图

表 4 - 15　成分矩阵[a]

	成　　分		
	1	2	3
营业收入增长率	0.894		−0.132
资本积累率	0.894		−0.132
固定资产增长率	0.833	−0.367	
总资产增长率	0.833	−0.367	
净资产增长率	0.374	0.798	0.113
投资活动产生的现金增长率	0.301	0.793	−0.199
经营活动现金增长率	0.126	0.536	−0.373
利润总额增长率	0.157	0.227	0.713
净利润增长率	0.132	0.217	0.655

注：提取方法为主成分分析。

a. 已提取了 3 个成分。

表 4 - 16　旋转成分矩阵[a]

	成　分		
	1	2	3
固定资产增长率	0.900	−0.132	
总资产增长率	0.900	−0.132	
营业收入增长率	0.869	0.249	
资本积累率	0.869	0.249	
投资活动产生的现金增长率		0.865	
净资产增长率	0.113	0.793	0.386
经营活动现金增长率		0.638	−0.185
利润总额增长率			0.762
净利润增长率			0.701

注：提取方法为主成分分析。

旋转法：具有 Kaiser 标准化的正交旋转法。

a. 旋转在 4 次迭代后收敛。

旋转空间中的成分图

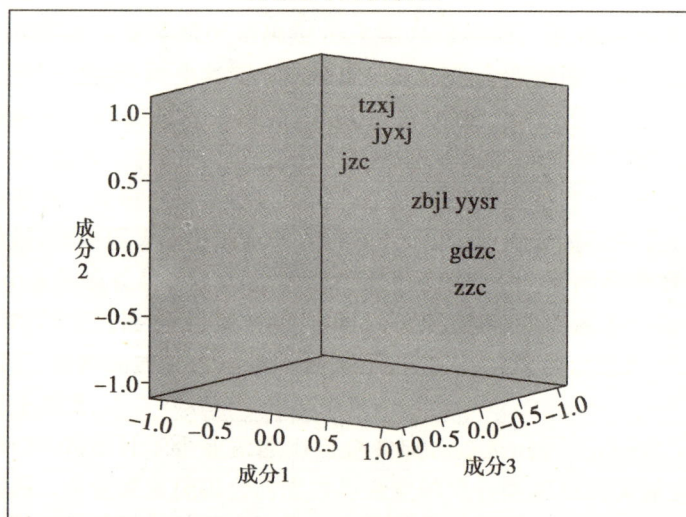

图 4 - 4　旋转空间图

表 4－17　成分转换矩阵

成分	1	2	3
1	0.953	0.266	0.145
2	−0.297	0.913	0.281
3	−0.058	−0.311	0.949

注：提取方法为主成分分析。
旋转法：具有 Kaiser 标准化的正交旋转法。

表 4－18　成分得分系数矩阵

	成　分		
	1	2	3
固定资产增长率	0.296	−0.123	0.033
资本积累率	0.272	0.092	−0.072
总资产增长率	0.296	−0.123	0.033
营业收入增长率	0.272	0.092	−0.072
净利润增长率	−0.027	−0.060	0.568
利润总额增长率	−0.025	−0.069	0.618
净资产增长率	−0.020	0.379	0.225
经营活动现金增长率	−0.028	0.364	−0.218
投资活动产生的现金增长率	−0.025	0.454	−0.033

注：提取方法为主成分分析。
旋转法：具有 Kaiser 标准化的正交旋转法。

　　这个反思源于战略选择理论中依然有许多相悖的地方。如经营层面战略选择涉及原有生产结构、销售结构的更新换代,对组织惯性的冲击较大,在变革的初期容易遇到各种阻碍。具体来说,公司的战略选择将会受到其资源与能力在"路径依赖"上的限制,从这个意义上讲,公司的战略是基于一定的资源、能力而设立的。而战略反过来又使得这些资源和能力变得更加牢固或者僵化(Helfat,1998)[1]。尽管如此,这种观点认为成本和能力的限制仍然不能阻碍成功的战略选择,只要通过对市场特征进行持续的观察,然后针对性地采取最佳的行动就能突破这种限制。这就要求组织根据环境的变化尽快地进行内部调整,从而使得自己

———————

　　[1]　Helfat C E. Simple indicators of adaptation versus rigidity in history-dependent firm activities and decision rules[J]. Industrial & Corporate Change, 1998, 7(1): 49-75.

的战略重组走在竞争者前面(Teece et al,1997)①。也就是说,尽管经营层战略选择会在初期使得企业成长下降,但只要突破限制,度过调整期后,企业成长就会有较大提高。这种规律的寻求可能需要对企业成长有较长时间的观察,或者企业在战略选择前后的对比研究。我们选择了前者,采用了 4 年的对照研究。本书认为,战略选择在高层管理团队特征(至少其中一个高层管理团队特征变量)和公司企业成长之间起着中介作用。接下来,我们对本书的中介变量进行界定。

三、中介变量的测量

我们采用多元化战略作为中介变量。学者对于多元化战略的衡量有很多方法。本书对多元化衡量的各种方法进行了综合比较,最终采用动态行业数目作为衡量多元化战略的指标。目前,学者对企业多元化战略的衡量主要有行业数目、熵指数(EDI)、Rumelt 多元化指数(RDI)、赫芬达尔指数(HHI)四种方法,本书在此简单介绍和评价一下这四种方法。

1. 行业数目。行业数目法是由安索夫(Ansoff)和戈特(Gort)提出的研究多元化战略的方法。这种方法是根据一定的行业分类标准,统计企业涉足的行业数目,数目越多,则多元化程度越高。因为行业分类法是固定的,所以这种方法具有较强的可重复性。这也是这种方法的优势,可信度较高。行业数目法还有一个优势,就是只比较行业数而不涉及行业间的产值规模比较,由于行业间的差异会造成产值规模,由此减弱多元化的失真。比如一个公司,涉及 A、B、C 三个行业,另一个公司涉及 A1、A2、A3 行业,如果用行业数目法,两个企业的多元化程度相同。如果两个企业在三个行业的营业额不同,而企业又采用其他多元化的衡量方法,则两个企业的多元化程度就有差异。行业数目法也有一些问题,比如各个行业的分类方法不同,可能会导致研究结果有较大的差异。而且,就现实情况而言,这种方法无法反映企业在各个行业之间资源的分配,可能也就无法准确衡量多元化。

2. EDI。EDI 是杰奎梅(Jacquemin)和贝里(Berry)以行业分类法为基础提出来的。EDI 按照是否与企业现在的行业相关,将多元化划分为相关多元化和非相关多元化两个部分。这样,多元化程度变为了两个层次,这两个层次的关系是:

$$DT = DR + DU$$

其中,DT 为总的多元化程度,DR 为相关多元化程度,DU 为非相关多元化程度。熵指数方法将多元化进行了层次的划分,以便于进一步分析不同的战略层

---

① Teece D J, Pisano G, Shuen A. Dynamic capability and strategic management[J]. Strategic Management Journal, 1997, 18(7): 509 - 533.

次。不过,由于企业规模和信息披露的原因,尤其是中小企业的营业收入可能是不分行业,而且对其他业务所处的行业披露也不充分,使得单纯用 DT 来进行企业多元化的量化并不能很好区分企业间的战略差异。

3. RDI。RDI 是 Rumelt 于 1982 年提出的一种衡量企业多元化的指数。鲁梅尔特(Rumelt)在里格利(Wrigley)研究的基础上,分别于 1974 年和 1982 对里格利的研究做了扩展,他用企业所拥有的生产线或业务,以产品和市场作为维度,考察这两个维度的相关性,提出了 3 种指标,从而建立了一个衡量多元化程度的指标体系。这 3 个指标分别是:专业化比率、相关比率和垂直比率。其中,专业化比率用以衡量一个公司专业化的程度,值越大表示多元化程度越低,是一个反向多元化指标;相关比率用来衡量公司在横向多元化方面的程度;垂直比率用以衡量企业在纵向多元化方面的关联程度。Rumelt 的多元化体系指标突破了 SIC 分类法的缺点,使得多元化的层次更加丰满,与战略管理的关系更加紧密。这一方法的缺点就是主观性太强,这也是很多其他带有更多战略管理导向的分类方法的缺陷,3 种比率中,只有专业化比率是客观的,而相关比率和垂直比率的计算都依赖于一定的主观判断,可重复性比较差。

4. HHI。赫芬达尔指数原来用于衡量企业集中化程度,后来贝里将其应用于多元化程度的衡量。公式为:

$$\text{HHI} = 1 - \sum_{i=1}^{n} \rho_i$$

其中,n 为企业经营的行业的数目,ρ_i 表示分属于 SIC 每类别的产品的营业收入占公司总营业收入的比例。

HHI 的优点很明显:可以生成连续变量,具备可重复性。但是,与 EDI 一样,它受限于上市公司财务报告只披露其主营行业,不能很好地区分企业之间多元化战略的差异。

基于对上述 4 种衡量方法的分析,本书最终采用 RDI 来衡量企业的多元化程度,同时也采用 EDI 进行稳健性分析。

上述多元化指标是从截面数据的角度来考虑的,它们只能在一个时点上看到企业的生产经营状况。而我们要寻找的是企业战略选择的过程或结果,动态地看待上述指标更能体现多元化战略的结果。除此之外,还能避免行业等因素的影响。例如,某企业前年有 3 类产品,去年有 5 类,今年有 8 类产品。从趋势上讲,我们可以清晰地看到企业的多元化的途径。所以,本书将 2008—2011 年的企业的行业数的平均变化作为专业化的指标:

设每年多元化的平均变化率为 VH,则其相对变化指标为 $(1+VH)$。考虑到 4 年的变化,我们可以得到如下方程:

$$D_1 + D_1^* (1+VH) + D_1 (1+VH)^2 + D_1^* (1+VH)^3 = D_1 + D_2 + D_3 + D_4$$

$$(1+VH)+(1+VH)^2+(1+VH)^3=(D_1+D_2+D_3+D_4)/D_1$$

式中 D_1 为 D_{2008}，D_2 为 D_{2009}，以此类推，可得：

$$(HV+1)^3+(HV+1)^2+HV+1=(D_{2011}+D_{2010}+D_{2009})/D_{2008}$$

式中，HV 为专业化指标，D 为企业在某年所涉及的行业数。解出 HV 便可得到多元化指标。本书使用的方法是牛顿共轭法，最终得到了样本的多元化战略指标。

四、调节变量的测量

1. 社会资本的测量。出于社会资本对企业经营环境的综合影响的考虑，本书将对广义的社会资本和狭义的社会资本都进行考察。广义的社会资本是指能给企业带来更节省交易成本和竞争优势的所有"关系"。在广义的社会资本的量化方法中，以往文献多采用职务消费的方法。对于职务消费的量化，大多文献中采用了管理费用的人均使用率，即用管理费用除以高层管理团队的规模。本书将采用这种方法。狭义的社会资本，本书用高层管理团队成员在国家机关、事业单位的任职经历及其在任职期间担任职务的高低来衡量。通过对高层管理团队成员在政府及事业单位中任职的梳理，本书分别对省部级、副省部级、厅局级、副厅局级、县处级、副处级、科级、副科级、科员等级别分别赋予 1、0.9、0.8、0.7、0.6、0.5、0.4、0.3、0.2 权数来表示不同级别的任职经历所代表的拥有社会资本的大小。同样的社会关系在不同的企业中的作用是不同的。一些国有企业的核心高管，其本身就有一定的行政级别，如四大国有银行的董事长是副部级。基于这种考虑。本书对社会资本做了一个处理，就是对 CEO 的社会资本加上一个权重 $1/N$，N 为高层管理团队的规模，即成员的多少。一般来说，高层管理团队的大小与企业的规模成正比，规模大的企业的高层管理团队成员容易在所在地方取得社会资本。国有企业的高层管理团队的规模要大于非国有企业。这样的处理，减弱了企业规模与所有制在社会资本分析中的影响。

综合两种社会资本的测量方法，本书的社会资本测量方法如下：

$$SZ = F_g/(Z * N^2)$$

式中，SZ 为 CEO 的社会资本，F_g 为企业的管理费用，Z 为 CEO 的政治关联，N 为高层管理团队的规模。

2. 管理层冲突的测量。从前述我们知道高层管理团队的冲突分为破坏性的冲突和建设性的冲突，建设性的冲突对企业的成长是有利的，因为它会使得高层管理团队结构得以优化，从而增加其适应的弹性，也会使得组织在资源整合和凝聚力上得以提高。过低的刺激或紧张水平对个体的作用和过度刺激或紧张水平一样。在一定的压力下，人们倾向于接受并主动寻求不同意见的新颖之处，迎接挑战,而且在很多情况下对公开表达的敌意感到兴奋(Thomas,1976)。适当的冲突能调动人们对于客观事物的兴趣和好奇心,从而带来创造性的工作绩效(Hoffman&Maier,1961)。所以,团队冲突必须是适当的。

在冲突的量化上,大多文献采用了对高层管理成员进行调查问卷的形式,这种方法一般只适用于较小的企业,而且企业的数量也不可能太多,所以一手数据的稳健性一直受到质疑。另外,也有文献运用企业 3 次会议的次数来表达高层管理团队的冲突。他们认为高管团队的显性冲突一般是通过正式的组织表现出来的,本书使用的冲突是董事会近 3 年会议次数平均变化的平方来表达冲突的类型:

$$BH = |\overline{\Delta N}|$$

式中,$|\Delta N|$表示董事会会议变化次数的绝对数。

在得到董事会 3 年会议数的变化趋势后,计算 3 年中所有样本变化的均值和标准差,利用均值和标准差对样本进行分组,得到冲突变量:

$$CH1 = \{ch1 = 1 \mid BH - \sigma < ch < BH + \sigma\};$$
$$CH0 = \{ch0 = 0 \mid ch < BH - \sigma; ch > BH + \sigma\}$$

五、控制变量的测量

在对企业成长的原因进行分析时,需要控制企业规模、行业、投入要素及其结构。所以在高层管理团队特征与企业成长关系的分析中,本书参照相关文献选择注册资金来控制企业规模,选择综合杠杆来控制要素的结构,如固定资产的投资、资产的结构等影响企业成长的因素,最后选择资产利润率来剔除行业因素对企业成长性的影响;在高层管理团队和谐化与企业成长的关系研究中,控制了行业、企业规模、团队规模等。在使用结构方程模型的分析中,由于方法的特点,本书均未使用控制变量。

第四节 本章小结

本章对高管团队的特征和企业成长的类型进行了测量,结果表明,高管团队的特征可以聚合成 3 个因子,并将其命名为:自然特征、能力特征和治理特征。利用国泰安数据公司的企业成长指标也可以聚合为 3 个因子,并将其命名为:管理性成长、资源性成长和盈利性成长。高管团队特征的因子得分便是自变量的数据,企业成长的因子得分便是因变量的数据。战略选择的度量采用的是近 4 年的企业的多元化的均值。调节变量 CEO 的社会资本的测量,采用的方法是测量CEO 曾经在政府中的任职的最高级别或者企业职务消费。团队冲突使用的方法

95

是董事会会议的 3 年变化的均值,测量的是董事会的正式冲突的表现。以上的测量内容如表 4 - 19 所示。

表 4 - 19　变量汇总

变量类别	变量名	测量方法
自变量	能力特征	因子分析法
	治理特征	
	自然特征	
因变量	资源性成长	因子分析法
	管理性成长	
	盈利性成长	
中介变量	战略选择(多元化)	企业行业的变化趋势
调节变量	CEO 社会资本	曾经在政府任职的最高级别与企业职务消费
	团队冲突	董事会会议的平均变化

第五章 数据分析与假设检验

第一节 变量的描述性统计

企业高管团队的能力特征、治理特征、高层管理团队的和谐化、企业多元化战略等都与企业不同层次的成长存在着联系。因此,为了更好地分析相关变量特征,本节对样本企业的对应变量进行了相关的统计检验分析,以了解企业在成长过程中的作用机理。本节将分别对高层管理团队特征和高层管理团队和谐化两个方面进行统计检验分析。

一、高层管理团队特征的描述性统计分析

1. 高层管理团队特征的描述性统计分析。从表5-1可以看出,高层管理团队的3个特征的均值为0,标准差为1,这是因为我们使用的是因子分析后回归的数据。同样,成长性指标的均值也是0,标准差也为1。

总的来说,这980家企业的成长性比较好,盈利性成长的极差最大,管理性成长的极差最小,说明在中国经济高速增长的背景下,作为经济代表性指标的上市企业也取得了较好的成长。但中国企业的盈利增长从这几个指标来看,更多的来源于资源性成长,管理性成长在这里的贡献更少些。

从高层管理团队的特征来看,能力特征的极差大于治理特征的极差,说明上市公司高管团队间的能力差异要大于治理差异。一方面,管理对于中国上市企业,乃至中国所有企业来说,是一个稀缺资源。中国企业对管理的需求相当迫切。另一方面,中国上市企业在治理机制的效果上差距不大。原因在于研究对象都是上市公司,而上市公司的治理机制是格式化的。

2. 高层管理团队特征的相关性分析。高层管理团队与企业成长的相关性分析如表5-2所示,从中可以初步看出变量间的关系。自然特征与企业成长的相关系数都很小,且不显著。能力特征与管理性成长和盈利性成长的相关系数均较大,且都在不同程度上显著相关。治理特征与管理性成长相关,与其他成长的相关关系不是很显著。可以看出,高层管理团队特征与企业成长的关系基本与前面的理论分析相符。

表 5-1　高层管理团队特征的描述性统计表

变量名	观测值	均值	标准差	最大值	最小值
资源性成长	980	0	1	21.560	−1.032
管理性成长	980	0	1	11.930	−4.125
盈利性成长	980	0	1	30.230	−1.129
公司规模	980	21.970	1.275	27.620	18.170
杠杆	980	0.518	0.191	0.993	0.011
资产利润率	980	0.043	0.052	0.284	−0.248
自然特征	980	0	1	4.223	−5.188
能力特征	980	0	1	8.569	−1.813
治理特征	980	0	1	2.884	−3.191
社会资本	980	3.308	1.310	24.460	0.020
多元化	980	3.750	1.240	11.340	1

二、高层管理团队和谐化与企业成长的描述性统计

高层管理团队和谐化的描述性统计如表 5-3 所示,从中可以看出,高层管理团队和谐化指标与盈利性成长、管理性成长存在显著的相关关系,与资源性成长的相关系数不是很显著。从相关系数来看,高层管理团队和谐化与企业成长的关系与前面理论分析的假设大体一致。

考虑到稳健的原因,在高层管理团队和谐化与企业成长的关系研究中,我们对样本进行了分行业分析,拟探究行业因素在企业成长中的原因。从相关系数来看,不同行业与企业的各种成长的相关系数都不是很显著,这在一定程度上弥补了高管团队特征与企业成长的关系中没有用行业作为控制变量的不足。在行业与多元化的相关系数中,除地产行业外,其他行业与多元化的相关系数都不是很显著。

第二节　假设检验分析

本书的检验利用了两种方法:多元线性回归(MLRM)和结构方程模型(SEM)。

表 5-2　高层管理团队特征等变量相关性分析

	1	2	3	4	5	6	7	8	9	10	11
1. 资源性成长	1										
2. 管理性成长	0.00	1									
3. 盈利性成长	0.00	0.00	1								
4. 公司规模	-0.12*	0.05	-0.08	1							
5. 杠杆	-0.04	0.07	-0.04	0.36***	1						
6. 资产利润率	-0.04	0.23**	-0.04	0.13*	-0.37***	1					
7. 治理特征	-0.05	0.31***	-0.05	0.43***	0.13*	0.05	1				
8. 能力特征	-0.05	0.11*	0.28**	-0.02	0.01	0.24**	0.00	1			
9. 自然特征	0.04	-0.07	0.00	0.07	-0.03	0.04	0.00	0.00	1		
10. 社会资本	-0.01	0.03	0.01	0.02	-0.04	0.07	0.07	0.42***	0.09*	1	
11. 多元化	0.16*	0.26**	0.04	0.35***	0.23**	0.12*	0.02	0.24**	0.31***	0.21**	1

注：$n=980$；$*$，$p<0.1$；$**$，$P<0.05$；$***$，$P<0.01$。

表5-3 高层管理团队和谐化与企业成长相关性分析

变量	注册资金	公用行业	地产行业	综合行业	工业	商业	高层管理团队和谐化	多元化	资源性成长	管理性成长	盈利性成长
注册资金	1										
公用行业	.145**	1									
地产行业	0.055	−.074*	1								
综合行业	−.085**	−.109**	−.111**	1							
工 业	−0.055	−0.390**	−.400**	−.588**	1						
商 业	−0.037	−0.050	−0.051	−.076*	−.271**	1					
高层管理团队和谐化	0.233**	0.077*	0.103**	−0.023	−.110**	0.061	1				
多元化	0.113*	−0.023	−.078*	0.024	0.041	−0.015	−.082*	1			
资源性成长	0.043	0.034	0.009	0.077*	−.099**	0.064	0.062	−0.014	1		
管理性成长	0.022	0.014	0.011	0.036	0.045	0.037	0.086*	0.367***	0	1	
盈利性成长	0.035 0	0.054 0	0.073 0*	0.058 7	0.012 3	0.083 2*	0.122 0**	0.0214	0	0	1
均值	20.060 2	0.067 3	0.070 4	0.140 8	0.678 6	0.033 7	0	5.134 7	0	0	0
方差	0.906 20	0.250 75	0.255 96	0.348 01	0.467 26	0.180 48	1	3.192 85	1	1	1

注：$n = 980$；$*，p < 0.1$；$**，P < 0.05$；$***，P < 0.01$。

使用这两种方法的原因有三：一是本书的模型中因变量有 3 个，多因变量的模型选择结构方程更合适一些，这样能够测量针对所有变量的模型的适配性。但是，对于结构方程来说，不能针对因变量选择控制变量。二是结构方程模型更适合离散性的调节变量，多元线性回归对调节变量的处理更灵活一些。三是用两个方法进行分析，可以考察分析对象的稳健性。

本书从研究内容上来说，可分为 3 个部分：一是利用多元线性回归的方法分析高层管理特征与企业成长的关系；分析社会资本在高层管理特征与企业成长间的调节作用。二是用结构方程模型（SEM）分析高层管理团队特征与企业成长的关系，以此来验证模型的稳健性；并用结构方程模型分析多元化在高层管理团队与企业成长间的中介作用。三是用多元线性回归法分析高层管理团队和谐化与企业成长的关系，以及多元化在和谐化与企业成长间的中介作用。

一、高层管理团队特征与企业成长的回归分析[①]

利用多元线性回归法，分别对高管团队特征与企业成长间的关系进行回归分析，结果如表 5－4 至表 5－6 所示。这三个表分别表达了控制变量、高管团队自然特征、高管团队能力特征和高管团队治理特征对企业成长的影响。

1. 控制变量的影响。控制变量包括公司规模、综合杠杆和资本利润率。回归分析结果显示：公司规模对资源性成长都有显著的负向影响[见表 5－4 至表 5－6 中的模型（1）]，表明公司规模越大，资源性成长越慢，公司发展到一定规模后，不再是外在的规模上的扩张，而是内涵式的增长（杨杜，1995）。公司规模对管理性成长也有显著的负向影响[见表 5－4 至表 5－6 中的模型（3）]，表明公司规模越大，管理性增长相对越慢，大公司在治理中相对比较完善以及资源性增长的结束，使管理需求的增长也放慢。彭罗斯认为，企业成长的瓶颈是管理需求，管理需求来源于企业（资源）规模的快速增长。公司规模对盈利性成长没有显著的影响[见表 5－4 至表 5－6 中的模型（5）]，这个控制变量不显著的结果在很多文献中也能看到。公司规模与盈利的关系，除了从规模经济的角度去分析外，还需要从行业、资本利润率以及管理效率等因素去看。这些因素可能导致规模对盈利的影响不显著。综合杠杆和资本利润率对管理性成长有显著的正向影响[见表 5－4 至表 5－6 中的模型（3）]，即杠杆越大，行业资本利润率高，企业的管理性成长越好，说明综合杠杆和资本利润率更多的是反映企业管理效率；综合杠杆和资本利润率对盈利性成长和资源性成长都没有显著的影响[见表 5－4 至表 5－6 中的模型（1）和模型（5）]。

2. 高层管理团队特征对企业成长的影响。回归分析的结果显示，高层管理团

---

① 本节的主要内容已发表在《技术经济》2014 年第 6 期。

队的自然特征与企业的资源性成长、管理性成长以及盈利性成长的关系都不显著（见表5-4）。这里，假设3a、假设3b、假设3c得到了验证。

从表5-5可以看到，高层管理团队的能力特征对企业的资源性成长的影响是显著的（$\beta=0.054，P<0.1$），对企业的盈利性成长也是显著的（$\beta=0.140，P<0.01$）；而对企业的管理性成长没有显著的影响（$\beta=-0.017，P>0.1$）。假设1a、假设1c得到了验证，假设1b没有得到验证。进一步讨论这个没有得到验证的结果。高管团队的能力体现在资源性成长与盈利性成长中，即企业的外延式发展，管理性成长是内涵式发展，它的发展需要与能力相适应的外部环境和内部治理，故能力特征与管理性成长的关系不显著。

从表5-6可以看到，高层管理团队的治理特征与资源性成长呈负向的显著关系（$\beta=-0.050，P<0.1$），与管理性成长呈显著的正向关系（$\beta=-0.072，P<0.1$），与盈利性成长没有显著的关系。假设2a、假设2b得到了验证，假设2c没有得到验证。进一步分析这个没有得到验证的结果。企业高管团队的治理特征属于企业内涵式的发展，不体现在外延式的资源性增长，在企业的盈利中表现出来的就没有管理性成长那么的显著。

企业的成长是一个长期的过程，在这个过程中，起决定作用的是高层管理团队的能力，促使高层管理团队的能力发挥出来的是完善的治理机制，促使治理机制产生效果的是市场机制。从实证的结果看，体现了这样的理论逻辑。在中国上市公司中有良好的治理机制的企业都取得了较好的管理性成长，体现在高层管理团队上就是团队组成稳定、成员团结、更替有序；相反，那些没有良好治理机制的企业的长期业绩都是较差的，体现在高层管理团队上表现为内耗不断、成员组成变化大、更替无序。可以说，良好的治理机制是企业高层管理团队发挥能力的保障，是高层管理团队成员看到"希望"的必备的制度设计。另一方面，良好的治理机制可能也会吸引更有能力的人加入到高层管理团队，从而提升高层管理团队的能力。值得一提的是，国有企业的公司治理，很多文献认为我国的国有企业的治理机制是有待完善的，但是大多国有上市公司还是取得了较好的成长业绩。这是否该否定本书的结果呢？答案是否定的，这是因为我国的国有企业大多处在竞争不太充分的行业。有研究（Ammann et al,2013）[1]表明：在垄断行业中，治理机制与企业成长间的关系是失效的。也就是说，影响垄断企业成长的原因不是公司的治理结构，而在于企业的垄断地位。当然，垄断只是市场机制失效的原因之一，应该说，所有使市场机制失效的因素都会导致治理机制失效，从而导致高管能力在企业成长中无能为力。

---

[1]　Ammann M, Oesch D, Schmid M M. Product market competition, corporate governance, and firm value: evidence from the EU area[J]. European Financial Management, 2013, 19(3): 452-469.

表 5 - 4　高管团队自然特征对企业成长的影响

		(1) 资源性成长	(2) 资源性成长	(3) 管理性成长	(4) 管理性成长	(5) 盈利性成长	(6) 盈利性成长
自变量	自然特征		−0.003		−0.035		−0.027
控制变量	公司规模	−0.091***	−0.090***	−0.053**	−0.040	−0.043	−0.034
	杠　杆	−0.048	−0.049	1.104***	1.096***	−0.190	−0.196
	资产利润率	−0.560	−0.562	6.086***	6.069***	−0.974	−0.986
R^2		0.016	0.016	0.084	0.085	0.008	0.008
F		5.954	4.463	33.822	25.682	2.875	2.316
ΔR^2		0.016	0	0.084	0.001	0.008	0
ΔF		5.954	−1.491	33.822	−8.140	2.875	−0.559

注: $n=980$; *, $p<0.1$; **, $P<0.05$; ***, $P<0.01$。

表 5-5 高管团队能力特征对企业成长的影响

变量		(1) 资源性成长	(2) 资源性成长	(3) 管理性成长	(4) 管理性成长	(5) 盈利性成长	(6) 盈利性成长
自变量	能力特征		0.054*		−0.017		0.140***
控制变量	公司规模	−0.091***	−0.088***	−0.053***	−0.064**	−0.043	−0.046**
	杠杆	−0.048	−0.049	1.104***	1.107***	−0.190	−0.189
	资产利润率	−0.560	−0.503	6.086***	5.862***	−0.974	−1.027
R^2		0.016	0.016	0.084	0.087	0.008	0.080
F		5.954	4.514	33.822	26.277	2.875	2.200
ΔR^2		0.016	0	0.084	0.003	0.008	0
ΔF		5.954	−1.440	33.822	−7.545	2.875	−0.675

注：$n=980$；*，$p<0.1$；**，$P<0.05$；***，$P<0.01$。

表 5 - 6　高管团队治理特征对企业成长的影响

变　量		(1) 资源性成长	(2) 资源性成长	(3) 管理性成长	(4) 管理性成长	(5) 盈利性成长	(6) 盈利性成长
自变量	治理特征		−0.050*		0.072**		0.001
控制变量	公司规模	−0.091***	−0.095***	−0.053**	−0.048*	−0.043	−0.043
	杠　杆	−0.048	−0.033	1.104***	1.082***	−0.190	−0.190
	资产利润率	−0.560	−0.567	6.086***	6.095***	−0.974	−0.974
R^2		0.016	0.018	0.084	0.089	0.008	0.008
F		5.954	5.178	33.822	27.021	2.875	2.154
ΔR^2		0.016	0.002	0.084	0.005	0.008	0
ΔF		5.954	−0.776	33.822	−6.801	2.875	−0.721

注：$n=980$；*，$p<0.1$；**，$P<0.05$；***，$P<0.01$。

二、CEO社会资本在高层管理团队特征与企业成长间的调节作用

从高管团队特征与企业成长间关系的实证结果来看,自然特征与企业成长关系不显著,本书将不再讨论CEO社会资本在自然特征与企业成长间关系的调节作用。所以本书利用多元线性回归法,分别对CEO社会资本在高管团队能力特征和治理特征与企业成长间的调节作用进行回归分析,结果如表5-7、表5-8所示。这两张表分别表达了控制变量、高管团队能力特征和高管团队治理特征在CEO社会资本的调节下对企业成长的影响。

1. 控制变量的影响。与前面的研究一样,综合其他文献,本书的控制变量包括公司规模、综合杠杆和资本利润率。回归分析的结果显示:公司规模对资源性成长和管理性成长都有显著的负向影响(见表5-7、表5-8中的模型(1)和模型(3)),表明公司规模越大,资源性成长性越慢,公司发展到一定规模后不再是外在的、规模上的扩张,而是内涵式的增长。公司规模对管理性成长也有显著的负向影响(见表5-7、表5-8中的模型(5)),表明公司规模越大,管理性需求增长相对越慢,大公司在治理中相对比较完善以及资源性增长的结束,使管理需求的增长也放慢。这个结论在社会资本条件下也存在。彭罗斯认为,企业成长的瓶颈是管理需求,管理需求来源于企业(资源)规模的快速增长。公司规模对盈利性成长没有显著的影响(见表5-7、表5-8中的模型(9)),这个控制变量不显著的结果在很多文献中也能看到。公司规模与盈利的关系,除了从规模经济的角度去分析外,还需要从行业、资本利润率以及管理效率等因素去看。这些因素可能导致规模对盈利的影响不显著。和前面的结论一样,综合杠杆和资本利润率对管理性成长有显著的正向影响(见表5-7、表5-8中的模型(5)),即杠杆越大,行业资本利润率越高,企业的管理性成长越好,说明综合杠杆和资本利润率更多的是反映企业管理效率;综合杠杆和资本利润率对盈利性成长和资源性成长都没有显著的影响(见表5-7、表5-8中的模型(1)和模型(9))。

2. CEO的社会资本在高管团队能力、治理两个特征与企业成长间的调节作用。由表5-7我们知道,企业CEO的社会资本对能力特征和企业成长间的关系有负向的调节作用,即CEO的社会资本越多,能力特征和企业成长间的正向关系就越弱,支持了假设7b;表5-8表明,企业CEO的社会资本对治理特征和企业成长间的关系有负向的调节作用,即CEO的社会资本越多,治理特征和企业成长间的正向关系就越弱,支持了假设7c。总之,在"关系"好的情况下,企业高管团队能力的高低和治理的好坏对企业成长影响甚微。

利用表5-7和表5-8的结果,本书绘制了CEO社会资本对高层管理团队特征与企业成长间的调节作用图(图5-1、图5-2)。

表 5-7　CEO社会资本在高层管理团队能力特征与企业成长间关系的调节作用

因变量		(1) 资源性成长	(2) 资源性成长	(3) 资源性成长	(4) 管理性成长	(5) 管理性成长	(6) 管理性成长	(7) 盈利性成长	(8) 盈利性成长	(9) 盈利性成长
调节变量	社会资本		0.061*	-0.037		-0.004	0.104		0.019	0.045
交互作用	能力特征*社会资本			-0.093**			-0.126*			0.074*
控制变量	公司规模	-0.091***	-0.088***	-0.088***	-0.053**	-0.064**	-0.065**	-0.043	-0.046*	-0.045
	杠　杆	-0.048	-0.049	-0.049	1.104***	1.107***	1.106***	-0.190	-0.189	-0.188
	资产利润率	-0.560	-0.503	-0.496	6.086***	5.861***	5.772***	-0.974	-1.024	-0.971
R^2		0.016	0.016	0.016	0.084	0.087	0.089	0.008	0.080	0.090
F		5.954	3.608	3.006	33.822	21.003	18.014	2.875	1.765	1.622
ΔR^2		0.016	0	0	0.084	0	0.002	0.008	0	0.001
ΔF		5.954	-0.906	-0.602	33.822	-5.274	-2.989	2.875	-0.435	-0.143

注：$n=980$；*，$p<0.1$；**，$P<0.05$；***，$P<0.01$。

表 5-8 CEO社会资本在高层管理团队治理特征与企业成长间关系的调节作用

		(1) 资源性成长	(2) 资源性成长	(3) 资源性成长	(4) 管理性成长	(5) 管理性成长	(6) 管理性成长	(7) 盈利性成长	(8) 盈利性成长	(9) 盈利性成长
自变量	治理特征		-0.051*	-0.072**		0.074**	0.037	-0.043	-0.000	0.000
调节变量	社会资本		-0.031	0.008		0.090	0.083	-0.190	0.033	0.033
交互效应	治理特征 * 社会资本			0.027			-0.174**	-0.974	-0.985	-0.001
控制变量	公司规模	-0.091***	-0.095***	-0.096***	-0.053**	-0.048*	-0.048*	-0.043	-0.043	-0.043
	杠　杆	-0.048	-0.034	-0.025	1.104***	1.085***	1.084***	-0.190	-0.189	-0.188
	资产利润率	-0.560	-0.556	-0.550	6.086***	6.064***	6.063***	-0.974	-0.985	-0.985
	R^2	0.016	0.019	0.022	0.084	0.090	0.090	0.008	0.008	0.008
	F	5.954	4.159	4.054	33.822	21.799	18.167	2.875	1.745	1.453
	ΔR^2	0.016	0.001	0.003	0.084	0.001	0.006	0.008	0	0
	ΔF	5.954	-1.019	-0.105	33.822	-5.222	-3.632	2.875	-0.409	-0.292

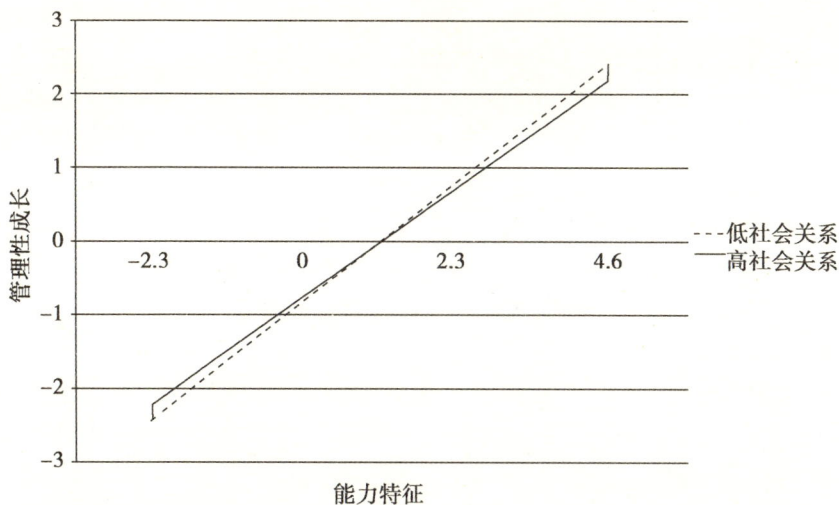

图 5 - 1　CEO 社会关系在高管团队能力特征与管理性成长间的调节关系

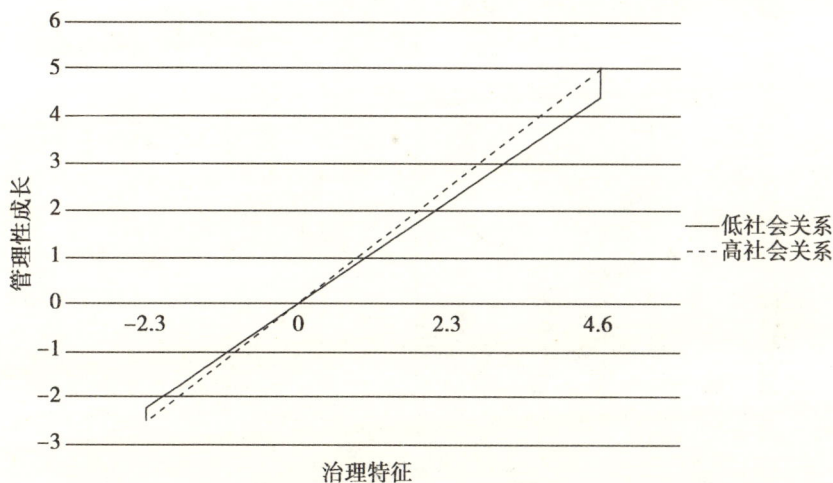

图 5 - 2　CEO 社会关系在高管团队治理特征与管理性成长间的调节作用

3. CEO 社会资本在能力、治理特征与战略选择关系中的调节作用。由表 5 - 9 我们可以知道,CEO 的社会资本对能力和治理特征与战略选择间的关系有负向的调节作用,即 CEO 的社会资本越多,能力和战略选择间的正向关系就越弱,治理与战略选择的负向关系也越弱,支持了假设 8。从实证结果来看,CEO 的社会资本对高管团队能力特征和治理特征与企业成长的关系的调节作用是在战略选择阶段发生了作用。

利用表 5 - 9 的结果,本书绘制了 CEO 社会资本对高层管理团队特征与企业战略选择间的调节作用图(图 5 - 3、图 5 - 4)。

表5-9 CEO社会资本在高层管理团队能力和治理特征与战略选择间的调节作用

		战略选择					
		(1)	(2)	(3)	(4)	(5)	(6)
自变量	能力特征	0.026	0.167**	0.113**			
	治理特征					-0.132**	-0.094*
调节变量	社会资本						
交互效应	能力特征*社会资本			-0.141**			
	治理特征*社会资本						0.152**
控制变量	公司规模		0.024	-0.053**	0.06*	0.08*	-0.043
	杠杆	2.074**	2.016**	1.104***	0.12	0.13	-0.190
	资产利润率	3.043	2.315	6.086***	0.07	0.10	-0.974
	R^2	0.013	0.019	0.084	0.42	0.53	0.008
	F	3.425	3.132	33.822	6.65	14.02	2.875
	ΔR^2	0.013	0.03	0.084	0.42	0.11	0.008
	ΔF	3.425	-0.293	33.822	6.65	45.50	2.875

在中文语境中，"关系"，更多地是游离于市场机制之外的东西，是市场机制不健全的表现。当然，企业高层管理团队的能力中可能包括了善于处理"关系"的能力，这可以说成是企业高层管理团队的"公关"能力。但在中国，"关系"更多的是指与政府和公共权力寻租的能力，以期取得高于市场竞争对手的优势。本书的关系量化也就是CEO在政府中任职的经历。这样，"关系"对于公平竞争的市场机制的影响是不言而喻的。"关系"的问题在高层管理团队的研究中，更多地应该是宏观的制度环境问题，能力和治理在高层管理团队的研究中更多的应该是微观机制的问题。宏观的制度环境和微观的管理机制的相互作用在高层管理团队的问题上得到了较好的体现。以上市公司为代表的中国企业正面临这样的问题，有"关系"的企业，能力与治理变得不重要了。总之，只有良好的宏观制度环境，微观机制才能健康地运行。所以，十八届三中全会提出："完善我国市场经济体制、厘清政府与市场的关系，具有重要的现实意义。"

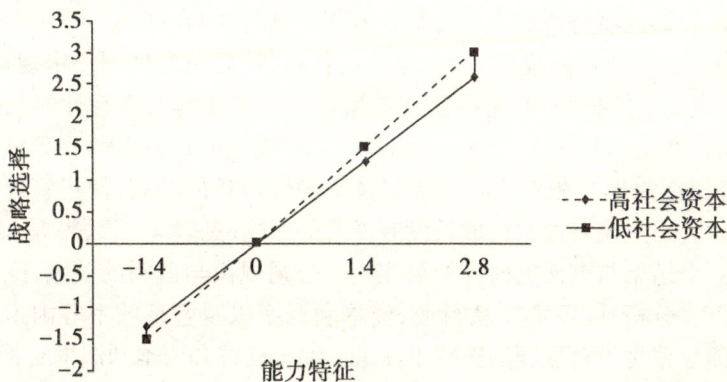

图5-3　CEO社会资本在高管团队能力特征与战略选择间的调节作用

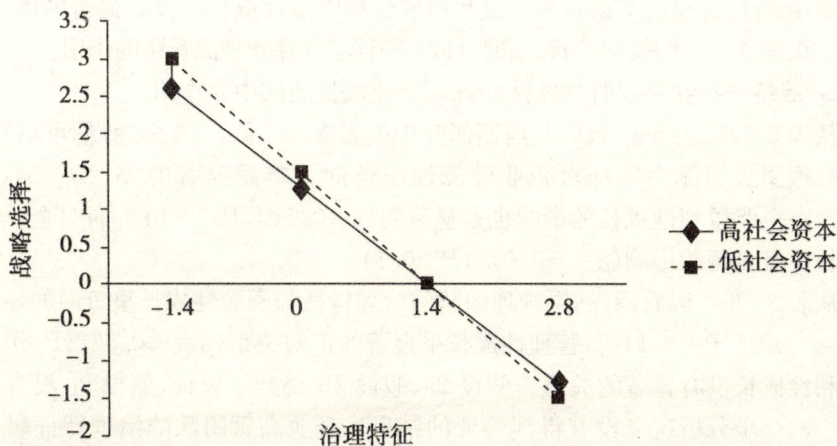

图5-4　CEO社会资本在高管团队治理特征与战略选择间的调节作用

三、战略选择在高管团队特征与企业成长间的中介作用

由于自然特征与企业成长关系不显著,和前一节一样,本书将不再讨论战略选择在自然特征与企业成长间的中介作用。本书利用多元线性回归法,分别对战略选择在高管团队能力特征、治理特征与企业成长间的中介作用进行回归分析,结果如表5-10、表5-11所示。这两张表分别表达了控制变量、高管团队能力特征和高管团队治理特征通过战略选择这个中介变量对企业成长的影响。

1. 控制变量的影响。

和前面的调节作用模型一样,中介作用的控制变量本书也选择了公司规模、综合杠杆和资本利润率。自变量和因变量关系的控制变量的回归结果与前面相同,在此主要叙述中介变量和因变量模型、自变量和中介变量模型,以及最终回归分析结果的控制变量的关系。比较这3个模型的控制变量的结果,它们的显著性变化不大。公司规模对资源性成长都有显著的负向影响(见表5-10、表5-11中的模型(3)),表明公司规模越大,资源性成长越慢,公司发展到一定规模后,不再是外在的、规模上的扩张,而是内涵式的增长。公司规模对管理性成长也有显著的负向影响(表5-11、表5-13的模型(7)),表明公司规模越大,管理性增长相对越慢,大公司在治理中相对比较完善以及资源性增长的结束,使得管理需求的增长也放慢。公司规模对盈利性成长没有显著的影响(见表5-11、表5-13中的模型(11)),这个结果与前面的研究结果相同。公司规模与盈利的关系,除了从规模经济的角度去分析外,还需要从行业、资本利润率以及管理效率等因素去看。这些因素可能导致规模对盈利的影响不显著。综合杠杆和资本利润率对管理性成长有显著的正向影响(见表5-11、表5-13中的模型(7)),即杠杆越大,行业资本利润率高,企业的管理性成长越好,说明综合杠杆和资本利润率更多的是反映企业的管理效率;综合杠杆和资本利润率对盈利性成长和资源性成长都没有显著的影响(见表5-10、表5-11的模型(3)和模型(11)),印证了其在管理成长中的作用。

2. 战略选择在高层管理团队特征与企业成长间的中介作用。

从表5-10、表5-11,以及前面研究中的表5-5、表5-6中,我们可以看到,高层管理团队的能力特征对企业资源性成长的影响是显著的($\beta=0.054$,$P<0.05$),对企业盈利性成长的影响也是显著的($\beta=0.140$,$P<0.01$);而对企业管理性成长没有显著的影响($\beta=-0.017$,$P>0.1$)。

从表5-6可以看到,高层管理团队的治理特征与资源性成长呈负向的显著关系($\beta=-0.05$,$P<0.1$);与管理性成长呈显著的正向关系($\beta=-0.072$,$P<0.1$);与盈利性成长没有显著的关系。假设2a、假设2b得到了验证,假设2c没有得到验证。进一步分析这个没有得到验证的结果。企业高管团队的治理特征属于企业内涵式的发展,不体现在外延式的资源性增长,在企业的盈利中表现出来就没

表 5 - 10　战略选择在高层管理团队能力特征与企业成长间的中介作用

变　量		战略选择			资源性成长		
		(1)	(2)	(3)	(4)	(5)	(6)
自变量	能力特征		0.160**			0.054**	0.015
中介变量	战略选择				0.034**		0.014*
控制变量	公司规模	0.026	0.024	−0.091*	−0.0853*	−0.088*	−0.088*
	杠　杆	2.074**	2.016**	−0.048	−0.065	−0.049	−0.047
	资产利润率	3.043	2.315	−0.056	−0.053	−0.050	−0.043
R^2		0.013	0.019	0.016	0.024	0.025	0.026
F		3.425	3.132	5.954	14.021	12.015	13.862
ΔR^2		0.013	0.030	0.016	0.080	0.000	0.002
ΔF		3.425	−0.293	5.954	45.53	0.190	20.771

表5-11 战略选择在高层管理团队能力特征与企业成长间的中介作用

变量		管理性成长					盈利性成长		
		(7)	(8)	(9)	(10)	(11)	(12)	(13)	(14)
自变量	能力特征			-0.017	-0.022			0.140***	0.110***
中介变量	战略选择		-0.220***		-0.204***		-0.315***		0.019
控制变量	公司规模	-0.153**	-0.132**	0.164**	-0.064**	-0.049	-0.043	-0.046	-0.046
	杠杆	1.104***	1.325***	1.107***	1.107***	1.425	-0.190	-0.189	-0.189
	资产利润率	6.086***	5.872***	5.462***	5.961***	2.526	-0.974	-1.027	-1.024
R^2		0.084	0.089	0.087	0.095	0.110	0.231	0.234	0.295
F		13.822	17.361	18.277	21.003	6.653	14.027	12.014	13.858
ΔR^2		0.084	-0.089	0.087	0.006	0.102	0.132	0	0.050
ΔF		13.822	16.420	7.545	15.274	6.651	45.510	0.192	20.772

表 5 - 12　战略选择在高层管理团队治理特征与企业成长间的作用

变量		战略选择		资源性成长			
		(1)	(2)	(3)	(4)	(5)	(6)
自变量	治理特征		−0.11			−0.090*	−0.015
中介变量	战略选择				0.180***		0.110**
控制变量	公司规模	0.06*	0.08*	−0.091*	−0.088*	−0.091*	−0.088*
	杠　杆	0.12	0.13	−0.048	−0.049	−0.052	−0.054
	资产利润率	0.07	0.10	−0.560	−0.503	−0.621	−0.503
R^2		0.42	0.53	0.210	0.220	0.260	0.370
F		6.65	14.02	12.350	13.430	13.450	19.970
ΔR^2		0.42	0.11	0.210	0.220	0.050	0.110
ΔF		6.65	45.50	12.350	13.430	16.030	49.130

表 5 – 13　战略选择在高层管理团队治理特征与企业成长间的作用

变量		管理性成长						盈利性成长			
		(7)	(8)	(9)	(10)	(11)	(12)	(13)	(14)
自变量	治理特征			.072**	0.022				
中介变量	战略选择		−0.110**		−0.140**		0.020	0.050	0.061
控制变量	公司规模	−0.082*	−0.053*	−0.068*	−0.064**	−0.043	−0.043	−0.046*	−0.046*
	杠　杆	1.213	1.104***	1.217***	1.107***	−0.190	−0.230	−0.189	−0.189
	资产利润率	0.327	6.086***	5.137***	5.861***	−0.974	−0.748	−1.327	−1.124
	R^2	0.122	0.184	0.061	0.163	0.251	0.284	0.350	0.412
	F	5.462	7.462	2.402	6.261	11.746	11.128	13.712	15.282
	ΔR^2	0.121	0.061	0.061	0.102	0.251	0.033	0.073	0.131
	ΔF	5.461	15.532	2.406	24.183	11.746	6.024	23.271	21.883

有管理性成长那么显著。

四、高层管理团队和谐化与企业成长的关系

高层管理团队的变化对企业成长的影响,究其根本是检验战略选择的效果。通过一段时间的经营管理,可以用企业成长的效果来证明高管团队的成员是否是志同道合的合作伙伴。这个检验的标准就是这个新团队是否能促进企业的成长。从上市公司的经验来看,变化的高层管理团队是否通过多元化来促进企业的成长呢? 本书将利用 980 家上市公司的数据来探讨这个问题。

1. 控制变量的影响。在团队和谐化和多元化的关系中,控制变量包括注册资金和 6 个行业,回归分析结果显示:除注册资金外,6 个行业对多元化战略都没有显著的影响,注册资金对企业多元化有显著的正向影响(见表 5-14 模型 1,$\beta =$ 0.447,$P < 0.01$),表明企业越大,越容易采取多元化战略。6 个行业中,除综合行业和商业外,其余行业以及注册资金对团体企业成长都没有显著影响。

在团队和谐化和企业成长的关系中,综合行业和商业对企业的成长有显著的影响,其他控制变量的影响都不显著。综合行业和商业对企业资源性成长有显著的正向影响(见表 5-15 模型 1,$\beta = 0.468$,$P < 0.1$;$\beta = 0.652$,$P < 0.05$),表明这两个行业的特点使得团队企业成长差异明显。这些结论与相关的研究基本一致(苏丹,2011;秦双全等,2014)。

表 5-14　高层管理团队和谐化对多元化战略的影响

变　量		多元化战略	
		模型 1	模型 2
自变量	团队和谐化		− 0.334**
控制变量	(常量)	−4.133	−5.780
	注册资金	0.447***	0.529***
	公用行业	−0.192	−0.134
	地产行业	−0.687	−0.575
	综合行业	0.573	0.572
	工业	0.403	0.383
	商业	0.121	0.248
	F 值	3.787	4.734
	F 值变化	3.787	1.050
	R^2 值变化	0.023	0.010
	R^2	0.023	0.033

注:* ,$P < 0.1$;** ,$P < 0.05$;*** ,$P < 0.01$。

表5-15 高层管理团队和谐化对企业成长的影响

变量			资源性成长			管理性成长			盈利性成长		
			模型1	模型2	模型3	模型4	模型5	模型6	模型7	模型8	模型9
自变量	团队和谐化			0.013	0.011		0.066*	0.025		0.058*	0.053*
中介变量	多元化				-0.014			0.146**			0.017
控制变量	(常量)		-1.256	-1.453	-1.279	-1.481	-1.253	-1.478	-1.353	-1.532	-1.369
	注册资金		0.036	0.074	0.066	0.055	0.044	0.046	0.065	0.046	0.046
	公用行业		0.475	0.396	0.261	0.484	0.472	0.471	0.363	0.252	0.471
	地产行业		0.301	0.231	0.183	0.401	0.385	0.383	0.483	0.456	0.383
	综合行业		0.468*	0.838*	0.580*	0.578*	0.578*	0.580*	0.636*	0.678*	0.658*
	工业		0.152	0.125	0.171	0.312	0.315	0.317	0.232	0.303	0.317
	商业		0.652**	0.692**	0.713**	0.729**	0.712**	0.713**	0.678**	0.692**	0.748**
	F值		3.734	2.826	2.319	5.233	4.626	3.725	4.566	3.736	2.319
	F值变化		3.734	0.908	0.507	5.233	0.607	0.901	4.566	0.830	1.417
	R^2值变化		0.017	0.080	0.090	0.023	0.090	0.110	0.016	0.120	0.100
	R^2		0.017	0.025	0.036	0.023	0.022	0.033	0.016	0.028	0.036

注：*，$P<0.1$；**，$P<0.05$；***，$P<0.0$。

2. 高层管理团队和谐化对多元化战略的影响。从表5-14可以看出高层管理团队和谐化和企业多元化战略之间有显著的负向关系，即和谐化程度越高的高层管理团队，其多元化程度越低。这与前面的分析基本吻合，即高层管理团队的和谐化过程可能发生在企业战略决策之后。高管团队在多元化战略后，寻找志同道合的团队成员。

3. 高层管理团队和谐化对企业成长的影响。从表5-15可以看出，高层管理团队和谐化对企业的资源性成长没有显著的影响；而高层管理团队和谐化对企业的管理性成长和盈利性成长均有显著的影响（表5-15中的模型2、模型5和模型8）。假设4a、假设4b以及假设4c均得以验证。从实证结果来看，我国上市公司高层管理团队的和谐化可能更倾向于价值观的同质性，而不是资源的异质性。这个结果从另一个侧面证明了高层管理团队变化和多元化的关系，多元化的动力来源于高层管理团队成员的资源和能力的异质性，如果高层管理团队的变化是在多元化战略之后，则后期的高层管理团队的变化更趋向于价值观的同质性。用一个通俗的话来说，企业大政方针已定，愿意干的留下，不愿意的请离开。

4. 多元化在高层管理团队和谐化与企业成长间的中介作用。高层管理团队和谐化程度对多元化战略（见表5-14模型2，$\beta=-0.334,P<0.01$）有显著的负向影响，表明团体和谐化程度越低，越有利于企业采取合适的多元化战略，如前所述，上期的多元化造成了高层管理团队的变化，经过团队冲突后，多元化战略的结果会保持，从而导致和谐化与下期多元化战略的反向关系。下面分别讨论多元化战略在高层管理团队和谐化和企业成长间的中介作用。在同时加入中介变量多元化战略后，团队和谐化指标对企业成长的影响表现不一样，在与管理性成长的关系中，原来显著的关系不显著了（见表5-15中的模型5、模型6：模型5，$\beta=0.066,P<0.1$；模型6，$\beta=0.025,P>0.1$）。而与盈利性成长的关系中，多元化战略的中介作用并不成立（见表5-15中的模型8、模型9：模型8，$\beta=0.058,P<0.1$；模型9，$\beta=0.053,P<0.1$，多元化的$\beta=0.017,p>0.1$）。这表明，多元化战略在团队和谐化与管理性成长间起到了中介作用，在团队和谐化与盈利性成长间没有起到中介作用。假设6b得到验证，而假设6a和假设6c没有得到验证。从这个结论可以进一步推论，中国上市公司的高层管理团队的变化更多地倾向于价值观的认同，当然这个结论是基于高层管理团队变化后产生的后果。如果继续往前，专门来研究高层管理团队变化的前因后果，可能这个结论只是一个系列结论的一部分，这个系列结论可能是：企业成长的需求在不同治理机制下引起高层管理团队的战略需求发生变化；这个战略需求的变化引发高层梯队的变化；高层梯队的变化引发企业成长的差异，如此的往复循环。

5. 调节变量的影响。从表5-16可以看出，高层管理团队与企业成长间的关系中，适度的冲突具有正向的调节作用（$\beta=0.065,P<0.1$），调节效应图见图5-5。假设9b得到验证，假设9a和假设9c没有得到验证。这个调节作用的实证只

表 5-16　冲突的调节作用

变量		资源性成长			管理性成长			盈利性成长		
		模型 4	模型 5	模型 6	模型 7	模型 8	模型 9	模型 10	模型 11	模型 12
自变量	团队和谐化		0.013	0.011		0.066*	0.079*		0.019	0.014
调节变量	冲突类型			-0.014	5.233		0.073*			0.094*
交互效应	和谐化 * 冲突类型			-0.023			0.065*			0.013
	（常量）	-1.437	-1.453	-1.279	-1.481	-1.253	-1.437	-1.437	-1.462	-1.463
控制变量	注册资金	0.053	0.074	0.066	0.055	0.044	0.053	0.053	0.054	0.055
	公用行业	0.478	.396	0.261	0.484	0.472	0.478	0.478	0.480	0.482
	地产行业	0.399	0.231	0.183	0.401	0.385	0.399	0.399	0.401	0.400
	综合行业	0.575	0.838*	0.580*	0.578*	0.578*	0.575	0.575	0.578	0.579
	工业	0.309	0.125	0.171	0.312	0.315	0.309	0.309	0.312	0.313
	商业	0.727	0.692**	0.713**	0.729**	0.712**	0.727	0.727	0.728	0.731
	F 值	2.719*	0.908	0.507	2.631	0.607	2.719*	2.719*	2.912	2.357
	F 值变化		0.080	0.090		0.090			0.193	
	R² 值变化		0.025	0.036		0.022	0.170		0.231	0.267
	R²	0.170	0.310	0.700	0.430	0.472	0.643	0.173	0.061	0.026

注：*，$P<0.1$；**，$P<0.05$；***，$P<0.01$。

在高层管理团队和管理性成长间存在。原因是我们在前文的实证中没有证明其他两个层面的成长与高层管理团队和谐化存在显著的关系。如前所述,适度的冲突是有利于企业的治理机制趋于完善,从而有利于企业的内涵性增长。企业在外延式的增长中会有什么样的冲突,以及在各种冲突下外延式的增长效果与高层管理团队的变化有何关系,这些都需要进一步的研究。一般来说,企业的规模扩张将带来管理的进一步需求,这些都会对高管团队的特征提出更高的要求,这些要求的结果就会使高层管理团队发生变化。

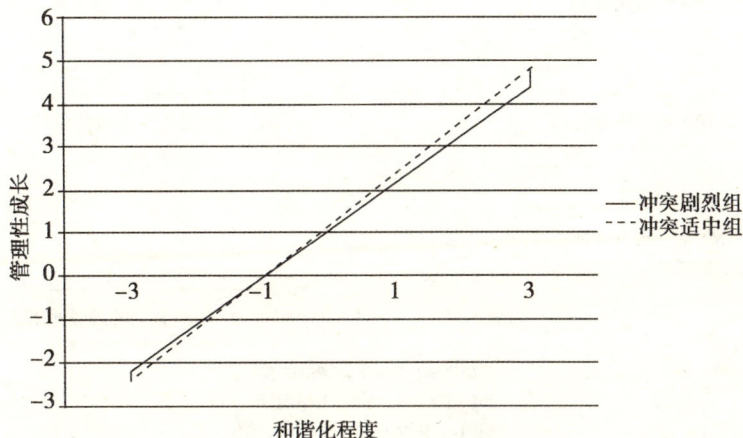

图 5 - 5 冲突的调节作用

五、高层管理团队特征与企业成长的结构方程检验

要验证一个变量是否在某个模型中起到了中介作用,方法很多。最常用的方法是利用嵌套回归模型,也称为层次回归模型。步骤是先进行没有中介变量的回归;其次是将自变量与中介变量、中介变量与因变量依次进行回归分析;最后是将自变量、中介变量、因变量进行回归。分析几个模型的 F 值的变化,在考虑自由度的前提下,可以判定中介效应是否存在。还有一种常用方法是利用结构方程模型(SEM)。前一种方法的优点是可以很方便地进行控制变量和调节变量的分析,缺点是对于多个因变量的模型,这个方法的可靠性较差。后一种方法弥补了前一种方法的缺陷,但同时,前一种方法的优点成为这种方法的缺陷。本书从稳健性的原则出发,在前期做了回归分析的基础上,利用结构方程对多自变量和多因变量的模型进行一次稳健性检验。

1. 高层管理团队与企业成长间关系的稳健性检验。本书运用 SEM 方法,对高层管理团队与企业成长间的关系进行路径分析,结果如图 5 - 6 所示。在得到最优路径后进行 SEM 的分析,具体结果如表 5 - 17 所示。在图 5 - 6 中,能力特征与企业三个层次的成长都有关系,从表 5 - 17 中可以看出,高层管理团队的治理特征与盈利性成长和管理性成长有显著的关系;高层管理团队的自然特征与企业的成长没有显著的关系。

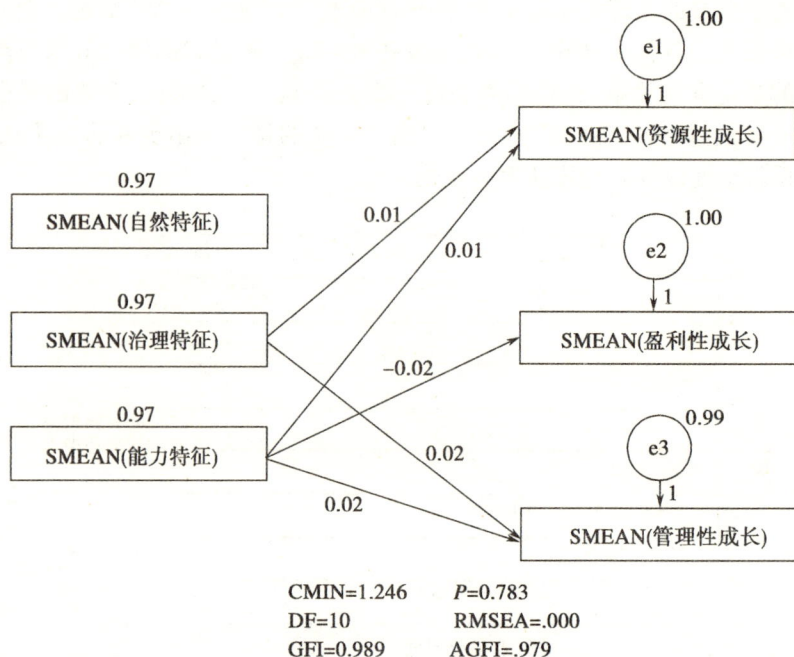

CMIN=1.246   *P*=0.783
DF=10   RMSEA=.000
GFI=0.989   AGFI=.979

图 5-6   高层管理团队与企业成长间的 SEM 分析

表 5-17   高管团队特征与企业成长关系的 SEM 分析

			Estimate	S. E.	C. R.	P	Label
资源性成长	←	能力特征	0.010 0	0.004	2.501	0.008	
盈利性成长	←	能力特征	−0.024 8	0.012	−2.060	0.048	
管理性成长	←	能力特征	0.024 3	0.011	−2.122	0.003	
资源性成长	←	治理特征	0.013 8	0.012	1.150	0.147	
管理性成长	←	治理特征	0.023 0	0.011	2.150	0.004	

注:表中变量均进行过缺失值的处理,与图 5-1 中的变量一致。

从结论来看,运用 SEM 检验与多元线性回归的结论是一致的。区别是回归系数有一些差异。这个差异是两种方法的计算原理不同所致。两种方法结论的一致性,既说明了方法运用的稳健性,同时也证明了结论的稳健性。

2. 多元化在高层管理团队与企业成长间中介作用的稳健性分析。利用 AMOS 软件,我们画出分析模型图(图 5-7),这个图是多元化在高层管理团队与企业成长间中介作用的全模型图。图中的 SMEAN 是将所有变量进行缺失值处理后的新变量。通过对全模型的路径分析,我们可以得到高层管理团队与企业成长关系的作用机制,即可以考证多元化战略是否在高层管理特征与企业成长间起到了中介作用。

将数据放入到全模型中,利用 AMOS 软件中的"模型识别"(Specification Search)功能,从 24 个模型中找出适配度最好的模型。这个模型的结构如图5-8所示,变量间的回归关系见表 5-18。从图 5-8 可以看出,数据和结构方程的适配度较好,整体表达了多元化战略在高层管理特征和企业成长间的关系。从图5-6和表 5-17 中可以看到,高层管理团队的治理特征、能力特征与多元化战略间的关系是显著的;多元化战略与企业资源性成长和管理性成长间的关系是显著的;能力特征与企业盈利性成长间的关系是显著的。图 5-8 还显示,治理特征和能力特征通过多元化战略影响企业成长的模型适配度较好(P 值$=0.746$,拒绝原假设,说明数据和模型具有较高的适配度)。结合以上结果,本书认为多元化战略在高层管理团队的治理特征与资源性成长和管理性成长间起到了完全中介的作用;多元化战略在高层管理团队的能力特征与资源性成长和管理性成长间也起到了完全中介的作用;多元化战略在能力特征与盈利性成长间没有中介作用。

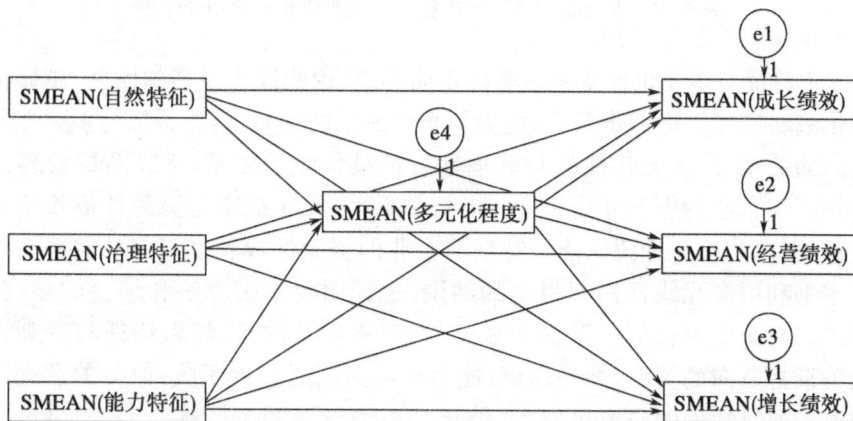

图 5-7 多元化在高管特征与企业成长间中介作用机制的全模型图

表 5-18 高层管理团队特征与企业成长关系的中介机制

			Estimate	S. E.	C. R.	P	Label
多元化程度_1	←	能力特征_1	0.011	0.004	2.490	0.013 6	
多元化程度_1	←	治理特征_1	−0.010	0.004	−2.368	0.017 1	
盈利性成长_1	←	能力特征_1	−0.025	0.012	−1.959	0.044 8	
资源性成长_1	←	多元化程度_1	0.140	0.064	2.411	0.012 0	
管理性成长_1	←	多元化程度_1	−0.018	0.013	−1.528	0.098 0	

进一步分析结果,我们看到,治理特征与多元化程度有显著的负向关系,说明在治理特征系数高(和谐化)的团队中,多元化的倾向较低。多元化与管理性成长呈负向的关系;多元化与资源性成长呈正向的关系。这在统计学上印证和解释了治理特征与管理性成长呈正向的关系(负负得正,负正得负)。

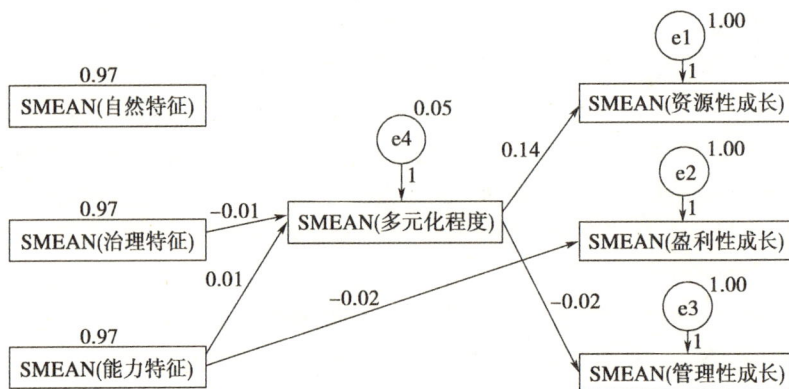

图 5‐8　多元化在高层管理特征与企业成长间的中介作用

能力特征与多元化程度呈显著的正向关系,说明能力越强的团队,越倾向于多元化战略选择。进一步来看,能力与企业成长的关系,能力特征与多元化战略呈正向的关系,而多元化战略与管理性成长呈负向的关系,所以高层管理团队能力特征与企业的管理性成长呈负向的关系;多元化战略与资源性成长呈正向的关系,所以高层管理团队能力特征与企业的资源性成长呈正向的关系。这印证了本书利用多元线性回归得出的结论,也证明了本书方法和结论的稳健性。能力特征与企业成长的关系都是显著的,但要注意的是,能力特征与盈利性成长的关系是负向的关系,换句话说,能力越强的高层管理团队,取得的盈利性成长越差。通过后面的研究可知,此结果是由于没有考虑情景因素,如果考虑到治理特征和情景因素,这个企业成长可能还会是正向的关系。其中的原因可能是,高管的能力在盈利性成长上的发挥需要在公平的环境中通过一定的机制才能体现出来。

这些结论与回归方程所得到的结论基本一致,说明本书的结论在方法上具有稳健性。

第三节　本 章 小 结

本章利用 2008—2012 年上市公司的资料对假设进行了检验,检验结果表明,高管团队的能力特征与管理性成长的假设不成立,原因可能是能力特征更多地体现在资源的扩张上，能力强的团队在治理中的效应较低。和谐化程度与企业盈利性成长间关系的假设不成立，原因可能是盈利性成长包含的因素较多，期间有长有短。而和谐化是团队变化的过程，对于长期成长更显著一些。战略选择在和谐化与资源性成长和盈利性成长间的中介作用都不显著，原因可能是战略选择前后的盈利状态和时间反应不相匹配，即和谐化是一个过程，而战略选择是一个时点。与上述假设相应的是，调节变量在相应的关系中也不显著。为了弥补方法上的缺陷，本章还用结构方程对假设进行了稳健性的检验。假设检验的结果见表 5-19。

表 5-19　研究假设检验结果汇总

假设编号	假设内容	检验结果
假设 1a	高管团队的能力特征与企业资源性成长有显著的正向关系	假设成立
假设 1b	高管团队的能力特征与企业管理性成长有显著的正向关系	假设不成立
假设 1c	高管团队的能力特征与企业盈利性成长有显著的正向关系	假设成立
假设 2a	高管团队的治理特征与企业资源性成长有显著的负向关系	假设不成立
假设 2b	高管团队的治理特征与企业管理性成长有显著的正向关系	假设成立
假设 2c	高管团队的治理特征与企业盈利性成长有显著的正向关系	假设成立
假设 3a	高管团队的自然特征与企业资源性成长没有显著关系	假设成立
假设 3b	高管团队的自然特征与企业管理性成长没有显著关系	假设成立
假设 3c	高管团队的自然特征与企业盈利性成长没有显著关系	假设成立
假设 4a	高层管理团队特征和谐化程度与企业资源性成长没有显著的正向关系	假设成立
假设 4b	高层管理团队特征和谐化程度与企业管理性成长有显著的正向关系	假设成立
假设 4c	高层管理团队特征和谐化程度与企业盈利性成长有显著的正向关系	假设不成立
假设 5a	企业多元化战略在高层管理团队能力特征与企业管理性成长间起到中介作用	假设成立
假设 5b	企业多元化战略在高层管理团队治理特征与企业管理性成长间起到中介作用	假设成立
假设 5c	企业多元化战略在高层管理团队能力特征与企业资源性成长间起到中介作用	假设成立
假设 5d	企业多元化战略在高层管理团队治理特征与企业资源性成长间起到中介作用	假设成立

假设编号	假设内容	检验结果
假设 5e	企业多元化战略在高层管理团队自然特征与企业成长间没有中介作用	假设成立
假设 6a	企业多元化战略在高层管理团队和谐化与企业资源性成长间起到中介作用	假设不成立
假设 6b	企业多元化战略在高层管理团队和谐化与企业管理性成长间起到中介作用	假设成立
假设 6c	企业多元化战略在高层管理团队和谐化与企业盈利性成长间起到中介作用	假设不成立
假设 7a	CEO 的社会资本在高管团队能力特征与企业资源性成长间具有负向的调节作用	假设成立
假设 7b	CEO 的社会资本在高管团队能力特征与企业管理性成长间具有负向的调节作用	假设不成立
假设 7c	CEO 的社会资本在高管团队能力特征与企业盈利性成长间具有负向的调节作用	假设不成立
假设 7d	CEO 的社会资本在高管团队治理特征与企业资源性成长间具有负向的调节作用	假设成立
假设 7e	CEO 的社会资本在高管团队治理特征与企业管理性成长间具有负向的调节作用	假设成立
假设 7f	CEO 的社会资本在高管团队治理特征与企业盈利性成长间具有负向的调节作用	假设成立
假设 8	CEO 的社会资本对高层管理团队特征与多元化战略的关系起负向的调节作用	假设成立
假设 9a	冲突水平在高管团队和谐化和企业资源性成长间起到调节作用	假设不成立
假设 9b	冲突水平在高管团队和谐化和企业管理性成长间起到调节作用	假设成立
假设 9c	冲突水平在高管团队和谐化和企业盈利性成长间起到调节作用	假设不成立

从检验结果来看,高管团队的特征对企业成长的影响是显著的,也是有结构的,不同的特征对不同类型成长的影响是有区别的。扩张性的企业需要资源和能力型的高管团队,成熟期的企业更需要治理型的高管团队,这与彭罗斯的结论基本一致,即企业扩张后应该有巨大的管理需求。企业不同的阶段需要不同类型的高管团队,这些需要形成了高管团队的和谐化。总的来说,能力的异质性和价值观的同质性是高管团队和谐化的方向,和谐的高管团队能促进企业的成长。

第六章　结论与展望

第一节　结论与讨论

一、结论

企业的成长是一个从小到大、由弱到强的过程。在这个过程中,企业最重要的战略选择就是多元化战略。无论是纵向多元化的规模经济还是横向多元化的范围经济,多元化战略给企业带来的是效益的增加和竞争力的增强,同时也带来了更大的风险。推动企业成长的主体是企业高层管理团队,同时,高层管理团队也是风险的承担者和解决者。企业高层管理团队与企业成长之间有着显著的因果关系。一个优秀的高层管理团队必然会促进企业的成长。反过来,企业在不同成长阶段需要不同特征的高层管理团队。企业经营和多元化战略的结果会带来高层管理团队的变化,这个变化是高层管理团队和谐化的过程。和谐化的过程在战略选择前后的侧重点是不同的,在战略选择前偏重于资源的异质性,在战略选择后偏重于价值观的同质性。鉴于此,本书对沪深两地上市公司中 980 家企业的高层管理团队特征与企业成长之间的关系进行了较为深入的探讨,得出以下结论:

从中国传统的人才观的角度,本书认为,高管团队的和谐是高管团队成员间能力和价值观相互作用的状态,体现为团队的能力特征与治理特征。这两个特征基本反映了作为战略决策者的高层管理团队的使命及其特征,即高层管理团队的使命就是为企业的健康稳定成长负责,能够为企业的成长负责的管理团队必须是具备经营管理能力,具有良好的治理机制,从而促进团队和谐。高管团队,是一个随着企业的成长而不断变化的团队。

1. 从中国传统人才观的角度,可以把高管团队的人口统计学特征聚合为更能体现高管团队职能的能力特征、治理特征和自然特征。能力特征是高管团队成员经营管理能力的体现;治理特征是高管团队成员价值观匹配程度的体现。这三个特征,尤其是能力和治理特征,是高管团队和谐性的体现形式。不同程度的能力和治理使企业处于不同的和谐状态。企业的成长过程,也是高管团队和谐化的过程。高管团队和谐化的过程是一个能力异质化、价值观同质化的过程,是一个寻找志同道合的团队成员的过程。在这个过程中,和谐化与企业成长互为因果,是一个动态的过程,企业成长的需求在不同治理机制下引起高层管理团队的战略需求发生变化;这个战略需求的变化引发高层梯队的变化,高层梯队的变化引发企业成长的差异,如此往复循环。高层管理团队和谐化的过程也是高层管理团队特征动态变化的过程。高层管理团队和谐化的过程在战略选择前后的侧重点有所区别。在战略选择前,和谐化侧重于资源的异质性;在战略选择后,和谐化侧重于价值观的同质性。

2. 企业成长可以由三个方式来表达:一是反映了企业规模性扩张的资源性成长,二是反映企业内涵式成长的管理性成长,三是反映企业最终经营成果也是企业成长基础的盈利性成长。这些企业成长的命名依据是这些因子的主成分与战略选择的关系。这些成长的层次与企业高层管理团队的特征是相互对应的。高层管理团队的能力特征反映了企业在规模上的扩张和盈利能力的增强;高层管理团队的治理特征反映了企业在管理成长中的作用。

3. 在实证中,高层管理团队的特征与企业成长的关系如下:第一,高层管理团队的自然特征无论是对企业的盈利性成长还是管理性成长以及资源性成长都没有显著的影响。自然特征对于每个企业来说都是特殊的,没有共同点,是把人口统计学特征中抽调了相同的东西后的剩余,所以实证结果的不显著在情理之中,它从另一个侧面证明不同企业的高管团队是有共同成分的。第二,高层管理团队的治理特征对管理性成长有显著的正向影响,治理特征与资源性成长呈负向的关系,与盈利性成长的关系不太显著。有良好治理机制的团队具有内涵式的企业成长,没有好的治理机制的企业没有管理性成长,与后面的结论联系在一起,可以这样说,经历了规模经济的企业成长未必一定能够经历管理性成长。这个结论再次说明了高层管理团队在企业成长中的重要作用,它意味着高层管理团队对企业成长最终负责。第三,高层管理团队的能力特征对资源性成长和盈利性成长都有显著的正向影响,与管理性成长的关系不显著,说明高层管理团队的能力特征意味着高层管理团队能够解决企业发展中遇到的资源性瓶颈问题,也能解决管理需求问题,从而体现企业的盈利性增长。

综上所述,高层管理团队不同的特征影响着不同层次的企业成长,而这些特征与企业成长间的关系是往复循环的,即企业经历了规模扩张后必然进入内涵式的发展,而和谐的高层管理团队是推动这种趋势的动力。

4. 社会资本对高层管理团队能力与企业成长的关系有负向的调节作用;社会资本对高层管理团队治理有负向的调节作用。中国上市公司的企业成长与高层管理团队的能力与企业治理机制有关,能力特征表现在企业的资源性成长和盈利性成长,治理特征主要表现在管理性成长。但这些关系与 CEO 社会关系的调节作用相关,CEO 的社会关系对公司治理和高层管理团队管理能力(素质)间的关系不仅没有起到正向的促进作用,反而起到了负向的削弱作用。可以这样说,在一个 CEO 社会关系很强的高层管理团队中,团队的能力与治理被 CEO 社会关系的光芒所掩盖。企业的最终盈利可能来源于 CEO 的社会关系,而不是团队的能力与治理。这种现象在 2009—2012 年上市公司的实证分析中得到验证。这说明在中国的大环境中,社会资本还具有比较大的市场,从经济学的角度来说,市场的交易成本还很大。所以中国企业所生存的外部环境还需要进一步的优化。这其中主要的原因在于政府对于市场的干预程度较高。中共十八大提出突出市场在资源配置中的作用,并加强反腐斗争,这对于改善这种局面无疑是个好消息。

5. 多元化战略是高层管理团队影响企业成长的重要机制。企业发展是一个从小到大、由弱变强的过程。在这个过程中,企业要经历规模扩张,其中就包括行业扩张,表现出多元化的战略选择,可以说,多元化的战略几乎是所有高管团队曾经或必将进行的选择。本书认为,多元化在高管团队和企业成长间起到了中介作用。本书的结果表明,无论是在资源性成长中还是在管理性成长中,多元化都是高管团队影响企业成长的重要机制。虽然在后期的管理性成长中,从数据上看不出多元化的特征,但管理性成长是企业在量的扩张之后对多元化战略的进一步深化整理。根据以往经验,持续进行外延式扩张,而没有进行管理性成长的深化整理,最终注定要失败。

6. 企业成长过程也是一个和谐化的过程,团队的摩擦冲突在团队成员和谐化程度与企业成长间起到了调节作用。企业成长过程伴随着高层管理团队的变化,在这个变化过程中,高层管理团队通过战略管理来体现自己的价值。其趋势是高管团队成员能力的异质化和价值观的同质化。先是需要能力异质化的团队成员来推动多元化,后是需要价值观相同的团队成员来巩固多元化的战略选择。这个过程是高管团队和谐化的过程,其动力是团队的冲突,是高管团队成员的管理认知过程。

不同背景下的高管团队成员,在战略选择面前有不同的管理心理,在这些心理作用下便产生了高层管理团队间的冲突,这些冲突有正式的显性的冲突,有非正式的隐性的冲突,但最终的摊牌都要通过合法的正式渠道来解决。最后的结果是高层管理团队的变化。本书还发现,一旦战略确定,团队摩擦冲突在战略与企业成长间的调节作用便不显著。所以引发冲突的原因是战略选择。新的战略对管理团队的特征提出了新的要求,这也是不同管理团队成员会产生不同的管理认知的原因。

二、讨论

将中国的传统文化和现代管理理论相结合一直是中国管理学面临的重要课题,如何研究具有中国传统文化背景,又具有西方管理学理论的对象,对人力资源管理来说更显重要。

团队是由一个个具有特定文化背景的鲜活的个人所组成的。所以研究高管团队,需要考虑高管团队成员的特征。高管团队成员最鲜明的特征是其"人才"特征,和普通员工相比较,这些成员都称得上人才。所以,高管团队是一个人才的集合。对于什么是人才,不同的研究给出的标准是不同的。中国传统的"德""才"维度对人才的定义,对于高管团队理论的中国化研究具有一定的理论意义。本书以此为出发点,结合高管团队理论,将个人的"才"和"德"聚合成团队的"能力"与"治理"特征,完成了从个人到团队的过程。在这个过程中,中国传统的和谐观回答了"德""才"在团队中的状态,即和谐性。

从高管团队理论的角度来说,本研究回答了什么样的高管团队是一个优秀的高管团队。以前的研究对此给出了不同的答案。有从结果来判断的,"无论白猫黑猫,抓住了老鼠就是好猫",这种结论将结果前的过程看作"黑箱",颇具神秘感;(也)有从过程来认识的,这种结论主要考察团队的行为,认为在合适的时机做出了合适的决定的高层管理团队是一个优秀的团队。这些研究很间接和"委婉",有点以成败论英雄的味道。从本研究的结论来看,一个"和谐"的团队就是一个优秀的团队。

孔子说:"君子和而不同,小人同而不和。"一个和谐的团队具有资源、能力的异质性和价值观的同质性。一个和谐的团队是一个和谐化的过程,也就是一个朝着和而不同的目标前进的团队。对于一个企业家及其团队来说,一个企业的健康发展取决于三个方面:一是高管团队价值观是否匹配;二是团队有何资源;三是团队有何能力。好比打牌,你的对手和友军牌技如何? 你摸到了什么样的牌? 你打牌的技术如何?

从前面的分析可以知道,企业成长的动力来源于高层管理团队。高管团队对企业成长重要作用的逻辑是:高层管理团队在一定的环境中,运用自己掌握的资源,发挥自己经营管理的能力,取得良好的效益,促进企业的发展,这样才能在竞争中取胜。企业在发展中一般遵循规模化、多元化、内生成长等阶段(杨杜,1995),其中多元化是一个重要的阶段,也是一个企业发展壮大绕不开的战略选择。

企业在经过一段时间的规模扩张,在一个行业内的增长会遇到瓶颈。而企业拥有了进行扩张的物质条件,需要进行多元化的扩张。一般来说,多元化扩张选择相关多元化(一体化),即从上下游来进行扩张(贾良定等,2007)[①],这是一个谨慎的战略,主要是考虑高层管理团队在能力方面与相关的行业相匹配。所以这个战略也是一个成功率比较高的战略。进行相关多元化的高层管理团队在能力上的异质性是较差的。如果高层管理团队能力的异质性较高,企业在选择多元化时一般不会考虑与企业已有业务的相关性,更多的是考虑项目的投资回报率,也就

---

① 贾良定,宋继文,李超平,等. 领导风格与员工工作态度——互惠和信任的中介作用的实证研究[J].
中大管理研究,2007(1):13-45.

是哪个行业赚钱就做哪个行业,这在中国房地产行业突飞猛进的发展中得到了很好的注解。一些原本没有做房地产的大型企业纷纷进军房地产业,比如中粮、中海油、中航等大型国有企业。

对于以上结论,本书从企业内外部两个方面来讨论。从企业外部来说,企业的成长离不开环境和历史,同样,高层管理团队的成长也离不开环境和历史。中国企业建立现代企业制度的历史较短,中国企业经历了由计划经济条件下依附于政府的经济单位转化到社会主义市场经济条件下独立经营的市场主体。在这个转化过程中,无论是老的国有企业还是新建立的私有企业,高层管理团队尤其是核心高层管理团队成员的社会资本对于企业的影响都是巨大的,因为在市场经济体制还不太健全,政府在经济运行中占有强势地位的条件下,社会资本意味着企业能取得比竞争对手更加优质的资源和竞争地位。政商关系一直是我国社会主义市场经济体制建立过程中需要解决的重要问题。从政企分开到国有企业改革,政府一直致力于厘清政府在市场中的地位。

中共十八大报告和最近的政府工作报告,强调了政府在市场中的地位问题。这些外部条件的改善最终会有利于企业内部管理机制的建立。安曼等(Ammann et al,2013)[①]在对欧盟企业的研究中发现,在垄断情形下企业的治理机制对企业成长是无效的。关系的作用就是使企业在市场外获得竞争对手无法获得的竞争资源和优势。关系所带来的效果与安曼文中的垄断利润无异。故关系的存在将削弱高层管理团队在企业经营管理中的能力,本书也证明了这一点。在市场机制不完善、关系满天飞的环境中,企业的经营就是靠关系。有关系,企业在经营活动中便能取得好的效益,否则企业要想生存下去都将十分困难。市场经济的主体是企业,一国经济的基础也是企业。企业经营的好坏,直接关系到经济基础的好坏。

企业要长期健康地经营下去,必须靠高管及其团队的经营能力。高层管理团队的经营能力需要的是科学的治理机制。科学的治理机制要发挥作用,必须要有良好的宏观环境。从这个逻辑上说,改善了宏观环境,宏观环境便通过高管特征作用于微观机制,从而促进内部微观机制发生变化,进而促进企业的发展,最终实现国民经济的健康发展。从这个意义上讲,当前的反腐败行动可以优化宏观环境,使权力寻租的可能性降到最小;同时,对于促进企业微观治理机制的优化也是有很大帮助的。

第二节 研究结果的实践启示

世界第二大经济体需要与之地位相适应的高管团队群体。从某种意义上说,

---

① Ammann M, Oesch D, Schmid M M. Product market competition, corporate governance, and firm value: evidence from the EU area[J]. European Financial Management, 2013,19(3): 452-469.

高管团队素质的高低,影响着经济健康运行的深度和持续性,缺失了自己文化特色的高管团队理论将注定没有生命力。本书的成果有助于高层管理团队、公司治理以及和谐管理等相关领域的研究。

首先,本书充实了高层梯队理论中战略选择前因领域的研究,对于高管团队理论的中国化研究具有一定的理论意义,具有中国文化背景的高管团队需要中国特色的高管团队理论。

其次,本书深入分析了高层梯队理论中高管人口统计学的层次性,这在一定程度上拓展了关于高层梯队理论对于高管人口统计学的研究视野。在以往的相关研究中,研究者多从人口统计学某个单独特征的视角出发,探讨高管属性对企业成长的影响,研究视角相对单一。其实,人口统计学特征是综合性地作用于企业成长的。

最后,本书不仅综合考虑高管的人口统计学特征,而且还从代理理论视角出发,探讨了 CEO 的社会资本在高管属性与企业成长的关系中所起的调节作用。从研究结果来看,代理理论在高层梯队理论中的独特价值得到了体现。这些结论将从宏观和微观两个方面对我国的企业管理实践带来启示。

从宏观上来说,本书的结论具有重要的实践意义。在我国,市场经济体制还不是很完善。企业在成长过程中靠"关系"的现象还普遍存在。所以有人提出,在中国,企业成长是"关系为王"。但从长远来说,在经济全球化的背景下,面临全球市场时,中国的企业成长真正需要的是高层管理团队的能力和完善的治理机制,这也是市场经济体制所要求的。要加强高层管理团队与企业成长的关系,就要降低"关系"。要降低"关系",完善市场经济体制、加强法制建设是必由之路。十八届三中全会提出,"完善我国市场经济体制、厘清政府与市场的关系,具有重要的现实意义"。本书为该论断提供了一个较好的实证。

从微观上来说,企业的成长离不开一支优秀的高层管理团队。怎样组建一支优秀的高层管理团队?不同特质的高层管理团队究竟具有什么样的行为习惯或决策模式?企业不同的发展阶段是否需要不同特征的高层管理团队?这不仅仅是理论界关注的课题,还是企业实际运行中需要考虑的问题。本书将在以下几个方面对企业提出建议:

第一,本书在人口统计学客观特征的基础上,提出和谐的高层管理团队特征的内涵,反映了高层管理团队拥有的资源管理技能和治理状况,这对于企业构建一个优秀的高层管理团队具有重要的意义。在这个内涵意义下,企业构建高层管理团队就好比打牌。要战胜对方需具备这件的条件:抓了一手好牌(高管团队要拥有一定的资源);具有一流的牌技(高管团队要有一流的管理技能);还有高度默契程度的友方(高管团队要有完善的治理结构)。任何一个条件不具备都可能招致失败。本书将传统人才观和高管团队理论相结合,对于高管团队的建设具有一定的实践意义。

第二,企业成长方面。弄清企业由弱变强的成长内涵和层次对于企业的发展至关重要。本书从高管团队特征与企业成长的相互关系角度,提出了企业成长的几个层次,它反映了企业由弱变强、由粗放到集约的成长路径。这在实践中将指导企业在成长过程中必须解决制约企业成长的瓶颈,而解决这个瓶颈至关重要的因素在于高层管理团队的建设。

第三,对企业成长的机制提出建议。企业由弱变强的过程伴随着企业从量的扩张到质的提升。这个过程必然伴随着多元化。而多元化不会持续整个过程。一般来说,多元化是在企业量的扩张时表现出来的。一旦量的扩张结束,企业表现更多的应该是管理需求。

第四,基于 CEO 社会资本的视角,有助于企业重新审视高层管理团队不同成员的资源对团队特征的影响。在中国这种注重关系的国度,社会资本对于企业在竞争中的重要性是不言而喻的,但是如果团队过度倚重社会资本,对于团队建设来说未必是好事。所以,本书的结论对于企业如何平衡能力与"关系"具有重要的实践意义。

第三节　研究的局限性与展望

一、研究的不足

尽管本书取得了一定的成果,但仍然存在着一些不足。

第一,本书的研究对象是中国上市公司。对于本书中的一些结论仍需要通过不同经济运行的环境以及制度差异来体现。由于篇幅原因,对于初创企业和非上市公司的研究将另外进行。另外,无论是上市公司还是非上市公司,能将主观数据和客观数据相结合来印证结论的稳健性是最佳的选择,但由于客观条件,本书没有办法取得上市公司高管的主观数据,今后对于非上市公司的研究将运用两种方法相互印证。

第二,本书采用的数据大多是截面数据,虽然数据间的时间有一定的间隔,但是对这个间隔没有进行优化,所以就不能准确地说高层管理梯队的特征对于企业成长的影响是来源于哪一个时期。国内外的相关理论指出,高层管理团队对企业成长的影响是有一定滞后期的,尤其是高层管理团队的变化对于企业成长的影响要更长的时间才能看得出效果。因此,本书的实证结论还值得进一步斟酌,需要在一个较长的时间段来通盘考虑滞后期,然后选择一个相对科学的时间间隔。当然也可以采用面板数据来进行研究。

第三,本书未进一步对战略选择的其他渠道进行研究。高层管理团队对于企业成长的影响途径是通过战略选择来进行的,但战略选择有很多的层次,值得研究的不只是多元化战略,还可以从空间上去考虑,比如国际化或者全国化。这些战略选择对高层管理团队的特征也提出了要求。

二、展望

基于上述局限性,本书提出了以下几个值得深入探索的地方,希望能够对高层梯队理论、管理认知理论、公司治理理论、社会资本理论以及战略选择理论的进一步研究提供一种思路和角度。本书的后续研究也可以在这些方向上展开。

1. 本书的高管团队特征是对高层管理团队的客观特征进行因子分析提炼而来,但客观特征的选择由于受数据可得性的限制,没有考虑得很全面,比如任职经历和背景没有加入到因子分析中去。在后续研究中,可以尝试考察一些较新颖的客观特征与管理行为的关系,把一些值得研究的变量加入其中,可能会得到更有新意的特征内涵。今后的研究可在此基础上,考察我国企业的高管客观特征与企业战略以及企业成长的关系,进一步完善相关理论。

2. 本书对企业成长的界定是根据国泰安数据公司的发展指标体系,通过因子分析提炼而来,可能还有比国泰安公司更加完善和先进的指标,或者这些指标对于企业成长的类型表现更加深刻。今后的研究可以对企业成长的类型提出更加有深度和新意的角度。在方法上,可以使用更加能体现企业成长层次的方法,比如层次回归模型(HLM),这样就会体现不同层次的企业成长间的关系。

本书对于和谐性的定量工作没有进一步做下去,在测定完高管团队的能力和治理特征后,今后可以基于高管团队能力和治理特征,进一步来测定高管团队的和谐程度,从人力资源的角度,以不同的和谐程度来对企业进行定性,如学习型组织、创新型组织等,正如中国传统人才观从德、才两个角度对人进行定性分类,如圣人、小人等。

3. 在社会资本这个调节变量上还可以考虑所有制形式,因为所有制形式对于高层管理团队和企业成长的影响是不同的,而且所有制在两个调节变量上的综合作用更能体现各自的特征,比如国有企业的高层管理团队本身就带有一定的社会资本(行政级别),而目前国企改革的方向就是去掉这样的关系。本书给这个问题打下了一个基础。

4. 本书只考虑了将董事会会议的变动趋势作为冲突的调节变量,实际上,董事会、监事会和股东大会的变动以及他们之间的变动差异所体现出来的信息更加全面,因为本书的中介变量是战略,所以选择了董事会的会议变动。如果中介变量选择社会责任、公务消费等组织行为,调节变量可以考虑监事会及股东大会与董事会的差异。

5. 研究高层管理团队特征与企业战略的关系。企业高层管理团队特征影响了企业战略的制定、选择、实施、改变,本书是将企业战略选择作为研究的中介变量。在研究的不足中,我们提到的方向都是今后值得研究的点。这些方向对于丰富高管团队特征的理论研究和实践指导都具有重要的意义。

参 考 文 献

[1] 艾尔弗雷德·钱德勒. 看得见的手——美国企业的管理革命[M]. 北京:商务印书馆,1987.

[2] 艾尔弗雷德·钱德勒. 战略与结构:美国工商企业成长的若干篇章[M]. 昆明:云南人民出版社,2002.

[3] 陈忠卫. 团队管理理论评述[J]. 经济学动态,1999(8):64-67.

[4] 范烨. 基于社会资本理论视角的家族企业治理研究[D]. 杭州:浙江大学,2009.

[5] 范烨,周生春. 企业社会资本:理论与实证研究述评[J]. 技术经济,2008,27(10):101-107.

[6] 方海鹰. 高层管理团队价值观共享、冲突过程与企业绩效关系研究[D]. 广州:中山大学,2007.

[7] 冯丽霞. 企业财务分析与绩效评价[M]. 长沙:湖南人民出版社,2002.

[8] 韩太祥. 企业成长理论综述[J]. 经济学动态,2002(5):82-86.

[9] 贺远琼,杨文. 高管团队特征与企业多元化战略关系的 Meta 分析[J]. 管理学报,2010,7(1):91-97.

[10] 经济与管理研究编辑部. 中国企业成长的规律性研究——首届中国企业成长研讨会综述[J]. 经济与管理研究,2004(6):3-6.

[11] 江民钊. 国有建筑施工企业股份合作制改造后对项目经理激励问题的研究[D]. 天津:天津大学,2005.

[12] 李虹. 广东电信转型期员工培训体系的构建[D]. 北京:北京交通大学,2006.

[13] 李晶晶,柴俊武,井润田. 我国民营企业高层管理团队内聚力之案例研究[J]. 管理学报,2007,4(5):674-681.

[14] 李敬. 多元化战略(第一版)[M]. 上海:复旦大学出版社,2002.

[15] 罗宾斯. 管理学[M]. 北京:中国人民大学出版社,1997.

[16] 吕一博. 中小企业成长的影响因素研究[D]. 大连:大连理工大学,2008.

[17] 马洪伟,蓝海林. 我国工业企业多元化程度与绩效研究[J]. 南方经济,2001(9):25-28.

[18] 迈克尔·波特. 竞争战略[M]. 北京:华夏出版社,2005.

[19] 梅琳. 家族企业 IPO 后的治理结构演变[D]. 上海:上海财经大学,2012.

[20] 彭罗斯. 企业成长理论[M]. 上海:上海人民出版社,2007.

[21] 石婷婷. 高层管理团队对高星级饭店绩效影响研究[D]. 西安:陕西师范大学,2007.

[22] 司马光. 资治通鉴[M]. 郑州:中州古籍出版社,2003.

[23] 秦双全,辛明磊,熊朝晖. 高管团队能力与企业绩效间关系的实证分析[J]. 技术经济,2014,33(6):117-123.

[24] 苏丹. 高层管理团队特征与战略变革关系研究[D]. 成都:西南财经大学,2011.

[25] 孙海法,伍晓奕. 企业高层管理团队研究的进展[J]. 管理科学学报,2003,6(4):82-89.

[26] 孙海法,刘海山,姚振华. 党政、国企与民企高管团队组成和运作过程比较[J]. 中山大学学报(社会科学版),2008,48(1):169-208.

[27] 孙海法,姚振华,严茂胜. 高管团队人口统计特征对纺织和信息技术公司经营绩效的影响[J]. 南开管理评论,2006,9(6):61-67.

[28] 孙晶. 政治关联、多元化与企业成长[D]. 杭州:浙江大学,2012.

[29] 田启利. 基于委托代理理论的旅行社组织内部治理结构问题探究[D]. 兰州:西北师范大学,2009.

[30] 王国锋,李懋,井润田. 高管团队冲突、凝聚力与决策质量的实证研究[J]. 南开管理评论,2007,10(5):89-93.

[31] 王开明,万君康. 企业战略理论的新发展:资源基础理论[J]. 科技进步与对策,2001(1):131-132.

[32] 魏占军. 社会资本与经济增长关系研究[D]. 开封:河南大学,2011.

[33] 吴龙吟. 网络能力对企业社会资本的影响研究[D]. 济南:山东财经大学,2013.

[34] 吴伟. 科举制与北宋士人阶层关系研究[D]. 合肥:安徽大学,2010.

[35] 吴伟众,王方华. 企业多元化动因分析[J]. 华中科技大学学报(城市科学版),2005,22(4):69-71.

[36] 谢洪明,刘常勇,陈春辉. 市场导向与组织绩效的关系:组织学习与创新的影响——珠三角地区企业的实证研究[J]. 管理世界,2006(2):80-172.

[37] 徐全军. 现代企业成长理论研究状况分析[J]. 山东经济,2009(5):54-63.

[38] 徐艳梅. 企业成长研究[J]. 北京工业大学学报,1999,25(增刊):53-56.

[39] 杨杜. 企业成长论[M]. 北京:中国人民大学出版社,1995.

[40] 姚振华,孙海法. 高管团队行为整合的构念和测量:基于行为的视角[J]. 商业经济与管理,2009(12):28-36.

[41] 姚振华,孙海法. 高管团队组成特征与行为整合关系研究[J]. 南开管理评论,2010,13(1):15-22.

[42] 余鹏翼,李善民,张晓斌. 上市公司股权结构、多元化经营与公司绩效问题研究[J]. 管理科学,2005,18(1):79-83.

[43] 张必武,石金涛. 国外高管团队人口特征与企业绩效关系研究新进展[J]. 外国经济与管理,2005,27(6):17-23.

[44] 张焕勇. 企业家能力与企业成长关系研究[D]. 上海:复旦大学,2007.

[45] 张平. 多元化经营环境下高层管理团队异质性与企业绩效[J]. 科学学与科学技术管理,2006(2):114-117.

[46] 张小林,王重鸣. 群体绩效和团队效能研究的新进展[J]. 应用心理学,1997,3(2):58-64.

[47] 张兆国. 高级财务管理[M]. 武汉:武汉大学出版社,2002.

［48］朱长春. 公司治理标准［M］. 北京：机械工业出版社，2011.

［49］Allan A. Redefining firm boundaries in the face of the internet：are firms really shrinking？［J］. Academy of Management Review,2003,28(1)：34－53.

［50］Amason A C,Sapienza H J. The effects of top management team size and interaction norms on cognitive and affective conflict［J］. Journal of Management,1997,23：495－516.

［51］Amason A C. Distinguishing the effects of functional and dysfunctional conflict on strategic decisionmaking：resolving a paradox for top management teams［J］. Academy of Management Journal,1986,39：123－148.

［52］Ancona D G,Nadler D A. Top hats and executive tales：designing the senior team［J］. Sloan Management Review,1989,31(1)：19－28.

［53］Anderson D. The integration of gender and political behavior into Hambrick and Mason's upper echelons model of organizations［J］. Journal of American Academy of Business, 2003,3：29－37.

［54］Andy L, Steve T. Edith Penrose's contributions to the resource-based view：an alternative perspective［J］. Journal of Management Studies, 2004,41：1.

［55］Antonio R, Ramos R, Jose R-N. Changes in the intellectual structure of strategic management research：a bibliometric study of the strategic management journal,1980—2000［J］. Strategic Management Journal,2004,25：981－1004.

［56］Bantel K A,Jackson S E. Top management and innovations in banking：does the composition of the top management make a difference？［J］. Strategic Management Journal,1989,10：107－124.

［57］Barney J. Firm resource and sustained competitive advantage［J］. Journal of Management,1991,17(1)：99－120.

［58］Baron R M, Kenny D A. The moderator-mediator variable distinction in social psychological research：conceptual, strategic, and statistical considerations［J］. Journal of Personality and Social Psychology,1986,51(6)：1173－1182.

［59］Benevento A L. Group theories：relevance to group safety studies［J］. Work,1998, 10：129－135.

［60］Berry C H. Corporate growth and diversification［J］. Journal of Law and Economics, 1971(14)：371－383.

［61］Higson C, Holly S, Kattuman P et al. The business cycle, macroeconomic shocks and the cross-section：the growth of UK quoted companies［J］. Economica,2004,71：299－318.

［62］Chandler G N, Hanks S H. Founder competence, the environment,and venture performance［J］. Entrepreneur Theory and Practice,1994,Spring：77－89.

［63］Chase M A, Lirgg C D, Feltz D L. Do coaches'efficacy expectations for their teams predict team performance［J］. The Sports Psychologist,1997,11：8－23.

［64］Child J. Managerial and organization factors associated with company performance-Part I［J］. Journal of Management Studies,1974,11：13－27.

［65］Cohen S G, Bailey D E. What makes teams work：group effectiveness research from the shop floor to the executive suite[J]. Journal of Management,1997,23(3):239 - 290.

[66] Dearborn D C,Simon H A. Selective perception: a note on the departmental identifications of executives[J]. Sociometry,1958,21:140 - 144.

[67] Eisenhardt K M,Schoonhoven C. Organizational growth: linking foundation team, strategy, environment,and growth among U. S. semiconductor ventures,1978—1988[J]. Administration Science Quarterly,1990(35):504 - 29.

[68] Ensley M P, Pearson A W,Amason A C. Understanding the dynamics of new venture top management teams—cohesion,conflict,and new venture performance[J]. Journal of Business Venturing,2000,17:365 - 386.

[69] Finkelstein S,Hambrick D C. Strategic Leadership: Top Executives and Their Effects on Organizations[M]. Eagan: West Publishing Company,1996.

[70] Finkelstein S, Hambrick D C. Top-management-team tenure and organizational outcomes: the moderating role of managerial discretion[J]. Administrative Science Quarterly, 1990,35: 484 - 503.

[71] Gautam A, Riitta K. Where do resources come from? The role of idiosyncratic situations[J]. Strategic Management Journal,2004,25:887 - 907.

[72] Glunk U,Heijltjes M G,Olie R. Design characteristics and functioning of top management teams in Europe[J]. Europe Management Journal,2001,19(3):291 - 300.

[73] Guthrie D. The declining significance of guanxi in China's economic transition[J]. The China Quarterly,1998,154:254 - 282.

[74] Hambrick D C,Cho T S, Chen M. The influence of top management team heterogeneity on firm's competitive moves[J]. Administrative Science Quarterly,1996,41: 658 - 684.

[75] Hambrick D C, Aveni R A D. Top team deterioration as part of the downward spiral of large corporate bankruptcies[J]. Management Science,1992,38:1445 - 1466.

[76] Hambrick D C,Mason P A. Upper echelons: the organization as a reflection of its top managers[J]. Academy of Management Review,1984,9(2):193 - 206.

[77] Hambrick D C. Corporate coherence and the top management team[J]. Strategy and Leadership,1997,25(5):24 - 29.

[78] Hambrick D C. Upper echelons theory: an update[J]. Academy of Management Review,2007(32):334 - 43.

[79] Hambrick D C. Top Management Groups: A Conceptual Integration and Reconsideration of the"Team" Label [M]. Greenwich,CT: JAI Press,1994:171 - 213.

[80] Hitt M A,Tyler B B. Strategic decision models: integrating different perspectives[J]. Strategic Management Journal,1991,12:327 - 351.

[81] Holbrook D, Cohen W M, Hounshell D A, et al. The nature, sources, and consequences of firm differences in the early history of the semiconductor industry[J]. Strategic Management Journal,2000,21:1017 - 1041.

[82] Jacquemin A P,Berry C H. Entropy measure of diversification and corporate growth [J]. Journal of Industrial Economics,1979,27:359 - 369.

[83] James L R, Demaree R G, Wolf G. Estimating within-group inter rater reliability with and without response bias[J]. Journal of Applied Psychology,1984(69):85 – 98.

[84] Jehn K A. Enhancing effectiveness: an investigation of advantages and disadvantages of value-based intragroup conflict[J]. International Journal of Conflict Management,1994,5: 223 –238.

[85] Jim M, Liisa V, The myth of unbounded growth[J]. MIT Sloan Management Review, 2004,Winter:89 – 92.

[86] Joao M, Luis M, Castro A. Capabilities perspective on the evolution of firm boundaries: a comparative case example from the Portuguese moulds industry[J]. Journal of Management Studies, 2004,41:2.

[87] Jonathan P D, John A P. Corporate entrepreneurship and real options in transitional policy environments: theory development[J]. Journal of Management Studies, 2004,41: 4.

[88] Katz R. The effects of group longevity on project communication and performance[J]. Administrative Science Quarterly,1982,27:81 – 104.

[89] Keck S L. Top management team structure: differential effects by environmental context[J]. Organization Science,1997,8(2):143 – 156.

[90] Keck L,Tushman M L. Environmental and organizational context and executive team [J]. Academy of Management Journal,1993,36(6):114 – 133.

[91] Kimberly J R. Organizational size and the structuralist perspective: a review, critique, and proposal [J]. Administration Science Quarterly,1976(21):571 – 597.

[92] Klenke K. Gender influences in decision-making processes in top management teams [J]. Management Decision,2003(41):1024 – 1035.

[93] Kor Y Y, Mahoney J T. How dynamic, management,and governance of resource deployments influence firm-level performance [J]. Strategic Management Journal, 2005, 26: 489 –496.

[94] Korsgaard M A,Schweiger D M,Sapienze H J. Building commitment,attachment,and trust in strategic decisionmaking: the role of procedural justice[J]. Academy of Management Journal,1995,38:60 – 84.

[95] Li J,Xin K R,Tsui A,et al. Building effective international joint venture leadership teams in China[J]. Journal of World Business,1999,34(1):52 – 61.

[96] Li H Y, Atuahene-G K. Product innovation strategy and the performance of new technology ventures in China[J]. Academy of Management Journal,2001,44:1123 – 1134.

[97] Man T W Y. Entrepreneurial,Competencies and the Performance of Small and Medium Enterprises in the Hong Kong Services Sector[D]. Hong Kong: Department of Management of The Hong Kong Polytechnic University,2001.

[98] Mark H H, Lee T P, Shane R C. A Bayesian operationalization of the resource: based view[J]. Strategic Management Journal,2004,25:1279 – 1295.

[99] McGrath J. Groups,Interaction and Performance [M]. NJ: Prentice hall,1984.

[100] Murray A I. Top management group heterogeneity and firm performance [J]. Strate-

gic Management Journal,1989,10(2):125 - 141.

[101] Myron J G, Jeffrey S R. Capitalism's growth imperative[J]. Cambridge Journal of Economics,2003,27,25 - 48.

[102] Olffen W V,Boone C. The confusing state of the art in top management composition studies: a theoretical and empirical review[R]. Maastricht: University of Maastricht,1996.

[103] Park S H, Luo Y. Guanxi and organizational dynamic: organizational networking in Chinese firms[J]. Strategic Management Journal,2001,22:455 - 477.

[104] Pecosolido A T. Informal leaders and the development of group efficacy [J]. Small Group Research,2001,32:74 - 93.

[105] Pelled L H. Demographic diversity,conflict,and work group outcomes: an intervening process theory[J]. Organization Science,1996,7:613 - 631.

[106] Peng M, Heath P S. The growth of the firm in planned economies in transition: institutions,organizations, and strategic choice[J]. Academy of Management Review,1996,21: 492 - 528.

[107] Penrose E T. The Theory of Growth of the Firm[M]. Oxford: Basil Blackwell Publisher,1959; Raff D M G. Superstores and the evolution of firm capabilities in American book-selling[J]. Strategic Management Journal,2000,21:1043 - 1059.

[108] Priem R L,Lyon D W,Dess G G. Inherent limitations of demographic proxies in top management team heterogeneity research [J]. Journal of Management,1999,25:935 - 953.

[109] Priem R L. Top management team group factors,consensus,and firm performance [J]. Strategic Management Journal,1990,11:469 - 479.

[110] Robert J D, Shin-kap H. A systematic assessment of the empirical support for transcation cost economics[J]. Strategic Management Journal,2004,25:39 - 58.

[111] Rumelt R P. Strategy,Structure and Economic Performance[M]. Boston: Harvard University,1974.

[112] Shan W, Hamilton W. Country-specific advantage and international cooperation[J]. Strategic Management Journal,1990,12(6):419 - 432.

[113] Shige M, Takehiko I, Christine M C. Does country matter[J]. Strategic Management Journal,2004,25:1027 - 1043.

[114] Shleifer A, Vshliny R W. Politicians and firms[J]. The Quarterly Journal of Economics,1994,109(4):995 - 1025.

[115] Simsek Z,Vviga J,Dino R. Modeling the multi-level determinants of top management team behavioral integration[J]. Academy of Management Journal,2005(48):69 - 84.

[116] Smith K G,Smith K A,Olian J D, et al. Top management team demography and process: the role of social integration and communication[J]. Administrative Science Quarterly, 1994,39:412 - 438.

[117] Song J H. Diversification strategies and the experience of to executives of large firms [J]. Strategic Management Journal,1982,3:37 - 380.

[118] Tihanyi L,Ellstrand A E,Daily C M, et al. Composition of the top management team

and firm international diversification [J]. Journal of Management, 2000, 26:115 - 1177.

[119] Tjosvold D, Deemer D K. Effects of controversy within a cooperative or competitive context on organizational decision making[J]. Journal of Applied Psychology, 1988, 65:590 -595.

[120] Tompson G H. The role of top management team conflict redistribution of power [R]. Minnesota: University of Minnesota, 1997.

[121] Tripsas M, Gavetti G. Capabilities, cognition, and inertia: evidence from digital imaging[J]. Strategic Management Journal, 2000, 21:1147 - 1161.

[122] Tsang W K. Can guanxi be a source of sustained competitive advantage for doing business in China? [J]. Academy of Management Executive, 1998, 12:64 - 73.

[123] Wernerfelt B. A resource-based view of firm[M]// Nicolai J F. Resource, Firms, and Strategies. London: Oxford University Press, 1984.

[124] Wiersema M F, Bird A. Organizational demography in Japanese firms: group heterogeneity, individual dissimilarity, and top management team turnover [J]. Academy of Management Journal, 1993, 36:996 - 1025.

[125] Wiersema M F, Bantel K A. Top management team demography and corporate strategic change[J]. Academy of Management Journal, 1992, 35:91 - 121.

[126] Winter S G. The satisfying principle in capability learning[J]. Strategic Management Journal, 2000, 21:981 - 996.

[127] Zaccaro S J, Klimoski R. The interface of leadership and team process[J]. Group&. Organization Management, 2002, 27:4 - 14.

[128] Zenger T R, Lawrence B S. Organizational demography: the differential effects of age and tenure distributions on technical communications[J]. Academy of Management Journal, 1989(32):353 - 76.

[129] Thomas K W. Conflict and conflict management[M]//Dunnette M D. Handbook of Industrial and Organizational Psychology. Palo Alto: Consulting Psychologists Press, 1976: 889 -935.

[130] Hoffman L R, Maier N R. Quality and acceptance of problem solutions by members of homogeneous and heterogeneous groups[J]. Journal of Abnormal &. Social Psychology, 1961, 62(2):401.

后　　记

　　本书由本人的博士论文改写而成,增加了一些在博士论文阶段由于时间仓促而没有讨论的内容。三年后再看当初的论文,并补充内容加以出版是一件幸事。这都要感谢促成这件事的人们:上海财经大学孙元欣教授是我的导师,他对中国传统文化的深入研究促成了我关于和谐团队观点的形成;东南大学经济管理学院的出版基金是本书出版的动力;东南大学出版社顾金亮老师是我的师兄,同门之谊让这本书的出版成为一次最愉快的发表学术观点的经历。

　　关于高管团队的研究在学科中既属于人力资源管理,又属于领导学。2015年,本人以本书的主要内容为基础申请国家自然科学基金,打算继续对高管团队以外的团队进行和谐团队的探讨,结果铩羽而归。评委给的建议是让我读读别人构建的和谐理论,并列了一些文献,这些文献大多是英文文献。我硬着头皮读完,发现他们提出的和谐理论和我的和谐观有很多不一致的地方。到底是我命名错了,还是名词有先来后到之分,我该换一种说法?

　　司马光是个保守主义者,在对人才进行德、才分类后,给出了四种人才的排序:圣人、君子、庸人、小人,他看到了才的工具性和两面性。团队在成长过程中,如果看得不远,只是注重资源和才能,会给团队的成长埋下隐患。司马光用"三家分晋"的故事告诉我们德行的重要性,这对需要长期发展的高管团队或者创业团队来说都是极为重要的。战略都是人制定的,企业成长需要战略,更需要和谐的团队。若本书能给读者带来哪怕一丁点儿的触动,我也倍感欣慰。

秦双全

2017 年 12 月于东南大学